城市社区治理实务

田　铮　王　玲　闫　函　编著

中国矿业大学出版社

· 徐州 ·

图书在版编目(C I P)数据

城市社区治理实务 / 田铮,王玲,闫函编著. —徐州：
中国矿业大学出版社,2019.10

ISBN 978-7-5646-1384-6

Ⅰ.①城… Ⅱ.①田… ②王… ③闫… Ⅲ.①城市—
社区管理—研究—中国 Ⅳ.①D669.3

中国版本图书馆 CIP 数据核字(2019)第 233151 号

书　　名 城市社区治理实务

编　　著 田　铮　王　玲　闫　函

责任编辑 侯　明

出版发行 中国矿业大学出版社有限责任公司
(江苏省徐州市解放南路　邮编 221008)

营销热线 (0516)83884103　83885105

出版服务 (0516)83995789　83884920

网　　址 http://www.cumtp.com　**E-mail**:cumtpvip@cumtp.com

印　　刷 江苏凤凰数码印务有限公司

开　　本 787 mm×960 mm　1/16　**印张** 9.5　**字数** 131 千字

版次印次 2019 年 10 月第 1 版　2019 年 10 月第 1 次印刷

定　　价 36.00 元

前　言

中共中央、国务院于2017年6月下发《中共中央国务院关于加强和完善城乡社区治理的意见》(以下简称《意见》)。《意见》指出我国社区治理发展总体目标是:“到2020年,基本形成基层党组织领导、基层政府主导的多方参与、共同治理的城乡社区治理体系,城乡社区治理体制更加完善,城乡社区治理能力显著提升,城乡社区公共服务、公共管理、公共安全得到有效保障。再过5到10年,城乡社区治理体制更加成熟定型,城乡社区治理能力更为精准全面,为夯实党的执政根基、巩固基层政权提供有力支撑,为推进国家治理体系和治理能力现代化奠定坚实基础。”

治理理论是现代较为系统的公共管理理论,其概念抽象、体系完整、包含内容较多,因而一直是理论界研究的热点。治理的理论和实践都是以公共事务和公共利益为研究对象,和基层群众生活息息相关,但目前的研究偏向理论探讨,直接面向普通民众和基层社会管理者进行社会治理理论普及和实践指导的研究较少。本书在推动社会治理理论的普及、宣传和应用方面,具有较强的创新性和应用价值。

城乡社区是社会治理的基本单元。党的十九大报告强调,“加强社区治理体系建设,推动社会治理重心向基层下移,发挥社会组织作用,实现政府治理和社会调节、居民自治良性互动”。基层是国家权力控制和民间自治力量的交接部,基层社会治理是国家治理和社会治理的最前沿,是社会空间和社会力量整合的载体,为有序的政治参与和政治表达提供合理有效的政社关系的连接途径和方式。从这个意义上讲,有效地引导基层群众及社会组织主动参与社会治理实践,调动基层群众参与社会治理的积极性,提高基层群众参与社会治理效果的精准性,是国家治理体系现代化的重要突破口。本书可以作为针对基层社会群众和组织的以实用性、科普性为突出特征的工作手册,具有非常强的实践意义。

推进公民参与是我国民主政治建设的重要内容,所有民主的价值和意义,只有通过公民参与才能真正实现。随着经济的发展和社会的进步,公民参与领域和参与渠道不断拓宽,公民参与中的无序现象也随之出现,并有可能出现扰乱社会秩序等参与危机。例如,某省现行的《行政程序规定》分别在总则、行政程序主体、重大决策行政程序等六个环节对扩大公民参与进行了规定,也通过《关于加强和完善城乡社区治理的意见》《关于深入推进农村社区建设的实施意见》等政策性文件对公民参与社会治理的方式和内容进行了规定,但是实践中较少从公民的视角对这些规定予以解读。换言之,政策性文件规定的是“做什么”,而要达到真正有序、有效的公民参与还应普及“如何做”。本书从基层群众参与社会治理实务的角度,以较为通俗的语言普及社区参与、社团参与以及网络参与的原则与方法,可以对公民参与进行引导和规范,保证公民参与能够在法律的框架内有序的进行。

在本书内容结构方面,按照从抽象到具体、从理论到实践的原则,首先从理论和政策层面将基本概念和基本政策进行说明,进而将《意见》中提到的城乡社区治理的目标具体化为:民主社区、法治社区、文化社区、智能社区和福利社区的建设。本书的主要观点有:首先,当前加强和改善城市社区治理的重点是社区治理体系的完善和社区治理水平的提升。在城市基层社区,由基层党组织、基层政府组织、群众自治组织以及各种社会力量形成的多元主体合作共治的格局逐渐发挥作用,而社区治理水平的提升是在社区治理结构良好运作基础上实现的。其次,加强和改善社区治理的总体目标可以通俗地解读为构建民主社区、法治社区、文化社区、智能社区和福利社区。构建民主社区是指健全和完善基层社区多元协商共治的治理体系，促进公民参与，增进政府和社会组织间的对话及合作；构建法治社区是指增强社区依法办事的能力，提升基层矛盾的预防和化解能力；构建文化社区是指强化社区文化的引领能力，培育居民的社区认同感、归属感、责任感和荣誉感；构建智能社区是指依托“互联网＋”和智慧城市建设，增强社区信息化应用能力；构建福利社区是指提升社区基本公共服务水平，推进社区基本公共服务均等化，满足社区居民多层次多样化需求。

本书是面向城市社区治理的科普读物，可用作高等学校、党校、行政学院的专业参考教材，对社区治理工作者同样具有参考价值。

山东科技大学田铮负责全书内容框架设计和统稿工作，并具体负责第一、二章的撰写；中央民族大学博士研究生王玲负责第四、五、六章的撰写；山东科技大学闫函负责第七、八章撰写；中央民族大学卢飞帆负责第三章的撰写，并承担了资料收集和初稿整理等工作。中国矿业大学出版社侯明编辑对本书的出版给予了大力支持。在本书出版之际，谨向为本书编写和出版提供帮助的同志们表示最衷心的感谢。

《城市社区治理实务》在编著过程中参阅了大量国内外优秀的文献，主要参考文献已在相关位置进行了标注，在此向相关文献的原作者和版权所有单位表示崇高的敬意。由于编著者研究水平有限和时间仓促，不足之处在所难免，恳请专家、读者批评赐教。

目　录

下篇　社会治理“我”在其中

上　篇

加强和创新社会治理的时代背景及意义

20世纪末发展并产生重大影响的新公共治理理论有着深刻的社会背景，它建立在对其他公共管理理论的经验借鉴的基础上，迎合了现代社会发展的需要。自从人类社会开始组织有目的的社会生产以来，提高社会管理的有效性就成为社会管理者追求的现实目标。但是由于社会性质的不同，不同社会对社会管理运行的价值追求也有所不同。

第一章 新公共治理理论的缘起

治理作为一种全新的政治管理过程，旨在以善治为基本价值理念，通过有效组织政治事务的处置方式从而实现对公共资源的管理。治理同时也是一种集价值理性和工具理性于一体的管理方式，其所要达到的目标是良性的社会治理，即善治。善治理念体现的时代性要求和实现善治所运用的工具手段都是特定社会中政治和经济变革结果的体现，这就要求治理的过程和结果需要有效回应不断变化的社会生活。在人类社会发展的不同时期，治理关系存在着不同的结构形态和价值追求。人类社会治理活动是依据相应的社会发展水平和治理关系的结构，由社会治理主体在特定的社会发展水平条件下形成的对公共事务及公共资源的安排。

一、农业社会的统治注重集权

农业社会物质条件不发达，社会治理必然会采取严厉的统治型社会治理模式，治理关系就是统治关系，是直接以权力为基础而实现的自上而下的管理控制，从根本上难以形成平等合作的关系。

中国在传统社会基础上逐渐形成了以“郡县国家”为核心特征的国家治理体系，它以中原农耕乡土社会的“郡县制度”为主导，以针对边疆游牧流动社会的“盟旗制度”为补充。“郡县国家”有四大支柱：中央集权为核心导向，文官体制为中层支撑，乡土自治为基层设计，行政区划为技术保障。

中央集权

中国和西方都经历了从封建制向中央集权的郡县制的过渡，相比而言，中国较早出现并较为顺利地完成了这个过程。农业社会需要农民稳定地进行耕种，从剩余非常有限的千家万户中汲取税收以维持上层建筑的正常运行，并进而保持整个社会的稳定。而郡县制恰恰具有定居的功能，这源于郡县制首先要“编户齐民”。“编户”是指把人口纳入国家户口登记序列；“齐民”是指已被纳入国家户籍的人口，都要纳税服役，一视同仁。通过这种管理方式，我国封建社会管理达成了“地不动、户不动、人不动”的目标，将人固定在土地上，并以此保障税收的稳定。

小农的社会基础支持中央集权的治理方式，而中央集权的根本目的是维护国家统一，这意味着国家的整体利益和长远利益是高度关联的：稳定且统一的国家有助于封建王朝长远利益的维系，而要实现长远利益就要克服短期的诱惑，制定稳定的中长期发展规划。

文官体制

治理关系一般有两种考察视角，一是中央和地方的关系，即央地关系，一是国家和社会的关系。郡县制解决的是央地关系的原则导向即中央集权，中央集权原则的一个具体实现方式是“流官”制度，即地方主政官员的任命方式是由高层统治者任命和派遣的，而非世袭制。

中国传统农业社会用郡县制解决了中央与地方关系问题，而在基层社会层面，则仍依靠文官体制实现有序治理。由于农业社会中需要管理的公共事务比较简单，“吏户礼兵刑工”六大部门便可以涵盖农业社会的主要社会治理事务，静态社会的治理职能容易稳定。六大部门可以在中央层面实现职能的细致分化和高效运行，但是到了地方就没有明确的部门承担这些具体职能了，因此便采用县官统筹治理的方法。可以说，我国古代传统社会的文官体制用来管理一个封闭性强、人口流动少、区域同质化程度高的社会是很有效的。

乡土自治

传统农业社会的上层建筑比较简单，以六部制为典型体现，而基层农村社区则以乡土自治为主导。我国长期的封建集权专制形成了“国权不下县”的实际控制范式，形成自上而下的君主专制的等级机构和以家庭为中心的辐射的“蜂窝状”结构并存的态势，这也催生了乡绅的出现和实现乡土自治的可能。乡绅一般是指在民间基层本土本乡有德行有才能深为当地民众所尊重的人。他们不属于正式的官僚系统，但是乡绅阶层不仅是帮助国家更好实现对乡村控制的中介，同时也是帮助乡村向上实现意见表达的渠道。

因此，我国传统社会时期所形成的是一种以中央集权为基础的类似“自治”的乡村治理模式。在封建体制运行中形成了两个互不干扰的秩序中心：一个是极具文化象征性的国家权威中心，另一个则是在基层社会具有实质性管辖权力的地方权威。这两种秩序在各自的领域中形成了各自的权威中心，并形成了国家行政权力与社会自治权力两个部分。国家的正式权力机构只设置到县一级，平时中央政府并不干涉乡村社会的内部事务，而是由地方乡绅阶层自行管理，诸如“乡约、保甲、社仓、社学之类，时或出于执政者之倡导，固地方人自己去做”。

行政区划

行政区划是指一个国家的中央权力机关为了统一且有效地管理整个国家，对其所辖领土按地域进行的区域划分。在我国封建社会，行政区划既因国家统治阶级需要的不同而具有鲜明的阶级性，又因管理疆域、经济、社会、国防等方面的某些需要的相同而具有一定的历史延续性。

郡县制本质上是一种国家治理的空间制度安排，其原则导向是中央集权的，其行动主体是文官集团，但最终注定无法回避技术上的行政区划的地理因素问题。传统郡县制作为我国历史上的一种行政区划制度，是实现中央集权的技术保障，但随着社会的进步，人口流动越来越频繁，这一解决空间问题方案的社会基础发生了裂变。即一直强调的“郡县制，天下安”的前提是农业经济的单一、农业社会信息的封闭和农业人口的稳定，一旦上述社会基础发生改变，“天下安”不再以郡县治理好坏为地理要素，统治者便要思考县域的时代意义了。

“郡县国家”的静态社会治理经验至今依然有强大的历史惯性和影响力，但在面对“流动社会”时出现了严重不适应，突出体现在中央集权和地方自主、科层僵化与有效治理之间的矛盾方面。中国从传统社会向现代社会转型过程中，就国家治理的社会基础而言，是由“静态社会”向“流动社会”转变，这构成了以“郡县国家”为传统的国家治理体系和治理能力现代化的长期与根本挑战。

二、工业社会的管理注重效率

古典管理理论的启示

20 世纪初诞生的以泰勒、法约尔为代表的科学管理和一般管理的西方古典管理理论，因其孕育着重大的价值而不断被后世所继承和发展。现代社会向管理提出了新的挑战。古典管理理论不仅促进了现代管理理论的产生和发展，其独特的管理理论和管理思想对于工业社会的发展也具有十分重要的启示性作用，主要包括其管理思维的前瞻性、管理制度的稳定性、管理手段的协调性、管理目标的效益性、管理过程的创新性和管理理论的普适性。其中管理目标的效益性为工业社会注重效率的原则奠定了基础。

古典管理理论认为,管理是以追求效率为目标的,因此泰勒于1911年出版的《科学管理原理》的中心问题就是提高劳动生产率,而且认为管理的主要目的应该是使雇主实现最大限度的富裕,同时也使每个雇员实现最大限度的富裕。同时,法约尔也提出了命令统一原则和阶层跳板原则(相当于泰勒的"例外原则"),认为管理的效率应当与员工个人的利益联系在一起,否则这种脱离人性的管理所追求到的效益是不长远的。在工业社会时期,企业将其股份实行多元化,使贡献大的员工以不同形式来分享企业的利润,如持股、分红、期权等。科学的管理产生巨大的组织利益,组织成员在勤奋劳动增进组织利益的同时享受到因自己的劳动所带来的利益,进而加倍努力工作创造更大的盈余,组织管理才有可能步入良性循环的轨道。组织为社会提供有用的产品或者服务才能得到社会的承认,组织才能生存;同样,员工能够为组织提供有效的劳动,才能显出其应有的价值。管理就应当围绕着组织能够提供为社会承认的产品和服务,员工为组织实现这一目标而提供有效的劳动而展开。管理所产生的效益有两个方面,一是组织本身的效益,二是组织在活动中所带来的社会效益。在这两个效益方面,应当尽力保持一种共同增长的趋势。

现代政府管理中的效率与公平

现代公共行政,是在西方国家工业化、现代化过程中发展起来的一种国家治理职能,在其产生之初,以政治与行政二分法为哲学基础,以官僚制为组织原则,以科学管理方法为技术支撑,将自己的职能定位于对国家意志的高效执行。

工业革命初期,西方国家由于政治上奉行政党分赃制和恩赐官爵制,无专业知识和技能的人依靠政治献金、选票和贿赂占据了政府职位,造成政府办事效率低下且贪污腐败盛行,政府的行为和立场无法预见,政府管理越来越不适应日趋复杂的经济和社会生活以及由此带来的政府规模与职能的扩大。因此，改革政府，建立一个高效的、负责任的、与工业文明相适应的现代政府管理体制势在必行。1870 年、1883 年英美两国相继建立现代文官制度，改进了政府的人事管理，也使公共行政成为一个独立的职业领域。1887 年，威尔逊在其著名的《公共行政之研究》一文中首次提出了政治与行政二分法。现代公共行政，作为国家权力的一种形式和职能，开始确立了自己在国家治理中相对独立的地位和职责。此文被认为是现代公共行政建立的标志。后来，古德诺在《政治与行政》一书中进一步阐述了政治与行政二分论。从二分论的政治方面来看，政治是国家法律和政策制定的活动。在此过程中，公民通过各种政治参与途径，如选举投票、政治游说、结党结社等来表达意志和利益需求，影响公共政策的制定。由于政治是对社会资源和福利的分配，是公共利益的凝聚和表达，公平与民主理应成为它的活动准则。从二分论的行政方面来看，行政则是法律和政策的执行活动。公共行政是实现国家意志的工具，公共行政应以最高的效率和最低的成本做好自己应完成的事情，它是一项事务性和技术性工作。既然公共行政与私人行政都属于事务性领域，都是管理问题，那么管理的经济、效率价值观也应成为公共行政运行的准则。为了实现公共行政的高效率，公共组织采取了现代官僚制组织模式。官僚制理论来自马克斯·韦伯。韦伯根据法理权威的思想，确立了现代官僚制的主要特征，即法制化、层级节制、专业分工、职业主义、非人格化以及效果的可预见性。现代官僚制本质上是一种追求形式合理性的管理体制，其理性原则强调科学化、专业化和技术分工，它适应了现代社会对形式平等的追求，也适应了工业社会大生产和公共行政复杂化的客观需要，是现代公共行政达到最高效率的理想组织工具。与此同时，产生于工厂管理实践的科学管理理论也被作为提高政府管理效率的手段引入政府改革中。美国政府运用泰勒的科学原理和方法调整机构，改进工作方法，提高行政效率。

由上可见，工业文明时期民主治理的逻辑在于：当政治领域以民主、公平、代表性与回应性等价值作为自己的行为准则表达国家意志时，公共利益在国家法律和公共政策中得以充分体现；公共行政则以经济和效率为行动准则，以官僚制作为组织基础，发挥最大能力不折不扣地执行法律和政策，公共利益得以完满地实现，民主治理由此完成。因此，对于现代公共行政而言，由职业专家高效地执行法律和政策，便是对自己责任的有效履行，也是对公共利益的最大维护。所以，效率便成为公共行政部门"最高的善"或"行政价值链条中的原点"，而有关参与、协商、公民投身于公共事务和民主过程的思想则退居到公共行政的次要地位。

第二次世界大战结束之后，出于对战争创伤和行政帝国主义的反思，也为了回应 20 世纪 60 年代社会动荡、社会危机和社会变革的压力，人们开始反对和批评主张效率至上、追求形式理性和工具理性的官僚制政府治理模式。尤其是 1968 年，在公共行政学大师沃尔多的倡导下，由一群年轻的公共行政学者所发起的新公共行政运动，对政治与行政二分法和效率至上的治理观念进行了深刻的反思与批判。新公共行政运动的先锋和代表人物弗雷德里克森教授认为，由于政策制定过程中对专业知识的尊重、政策执行中行政自由裁量权的行使，以及政府对社会和经济生活积极主动的干预，公共行政事实上在公共政策制定和执行中都产生了重要的影响。因此，公共行政应将社会公平作为自己的核心价值观，以民主行政模式促使公共行政发现自己的身份并且变得更有效率。然而对经济、效率的过分迷恋和追求使公共行政逐渐丧失了公共性，忽略了民主治理的目的和精神，应当通过对"公共"一词的明确界定，以公共行政的精神引导公共组织切实有效地负起民主治理的责任。尽管新公共行政运动如昙花一现很快沉寂下去，但其对"公共"一词的诠释、对公共行政精神的弘扬，却为公共行政的理论研究和改革实践提供了一种新的范式。

三、信息社会的治理注重公平

现代社会治理要求立足公平正义。公平既是社会治理的重要原则，也是社会治理方式方法的衡量标准，更是社会治理效果和质量的评判依据。“事不公则心不平，心不平则气不顺，气不顺则难和谐。”不公平是很多社会问题、社会矛盾、社会冲突产生的根源。近年来，我国政府努力推进权利公平、机会公平和规则公平，致力于改革户籍制度，缩小城乡差距；改革就业、教育和社会保障政策，努力减少不公平现象；深化司法体制改革，规范司法行为，建设公正高效权威的司法制度，努力确保在全社会实现公平和正义。

市场调节的失灵

我国宪法规定公民在法律面前一律平等，这在法律地位方面阐释了“公平”的含义。同时，在不考虑其他因素影响的条件下，市场经济环境下人们获得发展的机会原则上也是公平均等的。然而，改革开放和社会主义市场经济的发展在给我国经济带来巨大腾飞的同时，也带来了“市场失灵”引起的各种社会问题，贫富差距的不断扩大就是问题之一。也就是说，即使公民在法律地位和政治层面上是“公平”的，但在市场失灵的条件下，信息的不完全对称、垄断性失灵、社会公平分配的失灵、宏观性失灵等都会引起公民在行使权利的程序以及经济利益的分配等方面的“不公平”。

新公共行政组织理论以及我国改革开放以来的实践经验使我们有理由相信，政府作为最具代表性的公共行政组织，“效率”虽然是其价值目标之一，但绝不是核心价值，政府在管理活动中所追求的核心价值应是社会公平，以及如何实现公平与效率的统一。登哈特在评价新公共行政组织理论时这样理解“公平”：毫无疑问，公平包括了平等感和正义感，具体地说，公平的重点就在于纠正现存社会价值与政治价值分配过程中的不平衡。与所谓对所有人同等待遇不同的是，公平强调的是对那些处于不利地位的人给予更多的福利；与效率观点不同的是，公平特别重视回应和参与。

福利国家的困境

进入 20 世纪 70 年代，福利国家已经发展了 30 余年，在带给西欧各国巨大的积极效果的同时，其弊端和缺陷也逐渐显现，逐渐陷入严重的困境之中。

经济方面的困境是福利国家难以为继的最主要原因。首先，随着 20 世纪 60 年代亚非拉大批发展中国家取得政治独立，国内外环境相对趋于稳定，越来越多的国家能够参与到世界经济活动中，经济全球化在这一时期获得了突飞猛进的发展。西欧各国原来只能接受国内高福利、高税收、高工资这种环境的巨额资本拥有了更加广阔的投放市场，越来越多的资本开始“出逃”到税收、工资等成本相对较低的新兴市场以获取更高的收益。资本外逃导致西欧各国经济增长乏力，工人失业严重，进而导致更多的社会福利需求，而政府不得不提高税收以支撑福利开支，高税收则进一步逼迫资本外逃。如此往复，福利国家的经济陷入难以自拔的恶性循环之中。此外，大量资金被用于社会福利和消费，生产性投资和科研创新所需的资金却十分匮乏，限制了经济的发展。它还继续带来连锁反应——政府税收收入越来越少，而要维持不降反增的福利支出规模，各国政府只能举债度日，政府的债务规模越来越大。

在政治方面，福利国家对经济的参与和干预、征税以及具体福利和保障措施的实施，客观上需要一个庞大的官僚机构。这支从中央到地方的庞大队伍不仅包括干预经济的财政部门、税务部门和货币部门以及具体实施福利政策的福利部门的人员，还包括各行各业的技术人员。官僚机构由于其所处的特殊位置，自身也成为整个社会中的一个特殊利益群体。他们一方面既是社会福利制度得以实施的重要依托，另一方面又是福利政策效用得以充分实现和福利国家改革福利政策的重要障碍。

在社会方面，很多国家的工作和福利政策客观上造就了“奖懒罚勤”的消极效果。工作与不工作的人们收入差别并不大，再加上享乐主义的影响，人们形成了对福利国家的消极依赖，工作的积极性普遍不高。此外，由于得到过于容易，人们对社会财富并不珍惜，奢侈浪费问题严重。各种问题交织并愈演愈烈，成为各福利国家普遍面临的“福利道德”问题。另外，随着福利条件下人们生活水平的改善，西欧各国人均寿命普遍增高，逐步进入“老龄化社会”，越来越多的老人自然意味着政府需要承担的福利责任越来越重。

西欧各国的民主政治虽然不是福利国家造成的困境，但是它是福利国家模式难以走出困境的重要原因。福利国家一旦建成，人民就迅速适应并习惯下来，而且对于福利待遇不嫌其多只嫌其少。此后无论哪个政党上台，都只能竞相向民众许以更多的福利以争取选民，甚至政府举债度日也在所不惜。即使一些政党或政治家认识到这种做法的危险性，也不敢轻易做出削减福利或者提高税收的政治选择，否则就会面临失去政权的危险。他们只能放任政府的财政赤字和公共债务之山越积越高。

第二章 社会治理理念的特征

党的十八届三中全会将“社会管理”改称为“社会治理”，一字之差，却浓缩了中国国家与社会关系的历史变迁与新进展，也体现了党和国家在治国理政和社会建设理念上的重大突破和进步。

改革开放前，我国在计划经济体制框架下建立了“全能主义国家”，国家不仅包办生产资料，还对社会生活实施严格而全面的行政控制。改革开放后，随着社会主义市场经济体制的建立，全能主义的痕迹逐步消退，政府不再大包大揽，社会力量开始成长。但过度追求经济增长而忽视社会公平，导致社会发展相对滞后，社会矛盾与社会问题不断累积。党的十六大以来，国家提出了社会建设的战略任务。一方面，推进基本公共服务均等化，取得了显著成效；另一方面，提出加强和创新社会管理。在这一过程中，维稳式和渗透式社会管理全面增强，如对社会组织进行分类控制和选择性培育，行政权力的触角日益向社区和基层覆盖、强化，从而不仅挤压了社会组织的发展空间，还严重抑制了社会活力。

“社会治理”新概念的提出，意蕴深刻，影响深远。党的十八届三中全会不仅将正确处理政府和社会关系明确作为创新社会治理的重要前提，而且将“解放和增强社会活力”提高到与“解放思想”“解放和发展社会生产力”同等重要的战略地位。

毫无疑问，确立社会治理的理念，必须超越管控维稳模式。社会治理的理念具有以下三个主要特征：目标愿景从“维持社会稳定”转变为“追求社会公平正义”;治理主体从“政府单一主体”转变为“社会多元治理主体”;实现手段从“行政理念与命令”转变为“法治思维与方式”。

一、目标愿景从“维持社会稳定”转变为“追求社会公平正义”

在目标愿景上,传统社会管理模式将社会治理定位于解决社会矛盾纠纷,片面甚至盲目追求社会稳定与秩序,倾向于刚性维稳思维下的行政性“社会管控”,将社会管理更多地理解为政府对社会的管理,忽视甚至抑制社会自治和社会自我管理的功能和作用。在社会治理的理念中,社会治理被定义为政府治理和社会自我调节、居民自治的良性互动,以保障人民群众的基本正当权利实现机会平等,以促进民生领域发展和再分配实现结果正义,以完善法律程序和弘扬法治精神实现司法正义,旨在增强社会发展活力,积极回应公众利益诉求,促进社会公平正义。

维护社会稳定对我国经济、社会发展的重要意义

经济社会发展新常态背景下,中国正在经历从中等收入国家向中高收入国家迈进的关键时期。而历史和现实充分证明,当一个国家的人均收入处于从中等水平向高水平过渡时期,往往会因为不能顺利实现经济发展方式的转变,导致经济增长动力不足,最终出现经济增长回落或停滞、贫富分化、腐败多发等所谓的中等收入陷阱。目前中国在进入这样一个发展阶段之后,社会稳定的重要意义由此凸显。具体而言,当前着力维护社会稳定的重要性主要体现在以下几个方面。

首先,维护社会稳定是应对社会转型期社会矛盾凸显的现实需要。现代化是第二次世界大战以后世界上大部分国家所追求的发展目标。美国著名政治学家亨廷顿认为,实现现代化是我们的历史使命,而现代化过程则孕

育着社会风险。亨廷顿指出，对于任何推进现代化的国家而言，“现代性有助于政治稳定，而现代化却孕育了不稳定”。许多正处在现代化进程中的发展中国家，社会骚乱、暴力冲突、军事政变等事件屡见不鲜，社会发展呈现出紊乱无序的态势。这对中国这样一个正处于现代化进程中的发展中国家也有很大的现实启示。对中国而言，自从中华人民共和国成立以来，我们用几十年的时间完成了西方国家二三百年走过的现代化发展道路，尤其是改革开放以来更是取得了举世瞩目的发展成就。然而，不可否认的是，中国作为多年来现代化进程快速推进的国家，目前仍处于从计划经济体制向市场经济体制转轨、从传统社会向现代社会全方位转型的社会变革过程中。这一变革过程伴随着社会结构的深刻变动、利益格局的深刻调整、人们思想观念的深刻变化，再加上民族宗教问题、各种涉外问题的影响，不稳定、不确定、不安全因素在增加。当前的社会矛盾突出体现在以下方面：群体性事件呈高位运行，在纷繁复杂的社会矛盾中，群体性事件成为影响社会稳定的第一位的问题；刑事犯罪率居高不下，治安形势严峻，尤其是我国各地的严重暴力犯罪案件时有发生；突发性公共安全事故频发，包括交通安全、食品安全、生产安全领域的重特大事故时有发生；一些个人极端性事件不时见诸报端，影响巨大的舆论焦点事件频频出现，社会道德底线屡屡失守等。而且以上复杂的社会矛盾和问题相互交织、相互影响、相互作用，增加了社会稳定形势的复杂性，同时也加大了维护社会稳定工作的难度。新常态背景下，能否成功化解社会转型期大量的社会矛盾和问题，对我们维护社会稳定工作提出了更高的要求，也更加凸显了维护社会稳定工作的紧迫性。

其次，维护社会稳定是实现全面建成小康社会宏伟目标的重要保障。党的十八大根据我国经济社会发展实际，在十六大、十七大确立的全面建设小康社会目标的基础上，提出了到2020年全面建成小康社会的宏伟目标，并提出了一系列更高的新要求：经济持续健康发展，转变经济发展方式取得重大进展，在发展平衡性、协调性、可持续性明显增强的基础上，实现国内生产总值和城乡居民人均收入比2010年翻一番；人民民主不断扩大；文化软实力显著增强；人民生活水平全面提高；资源节约型、环境友好型社会建设取得重大进展。党的十八大还特别强调，全面建成小康社会，必须以更大的政治勇气和智慧，不失时机深化重要领域改革，坚决破除一切妨碍科学发展的思想观念和体制机制弊端，构建系统完备、科学规范、运行有效的制度体系，使各方面制度更加成熟更加定型。不远的将来，我们既要实现全面建成小康社会的宏伟目标，也要继续坚持全面深化改革开放，还要努力从中等收入国家迈入高收入国家。这一时期，既是中国可以大有作为的重要战略机遇期，也是矛盾和问题的凸显期。在这样的关键时期，我们要实现全面建成小康社会的奋斗目标，不仅要实现经济的健康发展、人民民主的不断扩大、国家文化软实力的显著增强以及生态文明程度的不断提高，更需要和谐稳定的社会环境作为保障。

最后，维护社会稳定是夯实党的执政基础、巩固党的执政地位的需要。中华人民共和国成立以来的实践证明，社会稳定是经济社会发展的必要条件、重要保证与有机组成部分；没有稳定的环境，什么事情都办不成，改革与发展都会成为一句空话，已经取得的成果也会失掉。这也是我们几代人付出沉重代价后得出的一条基本经验。由此可见，社会稳定是关系国家改革发展和长治久安的大问题。在社会动荡时期，群众的最大愿望和诉求就是和平与稳定。在这个意义上，维护社会和谐稳定代表最大多数群众的利益。在中国，促进中国社会稳定发展的关键在于中国共产党，这是由政党自身具有维护社会稳定的职能这一特点决定的，也是由我们党的历史使命和政治地位决定的。只有在中国共产党的领导下，坚持党的路线、方针、政策并保持其连续性和稳定性，正确区分和处理不同性质的社会矛盾，善于协调各方面的利益关系，才能保持稳定的社会环境，巩固和发展安定团结的政治局面，不断开创中国特色社会主义事业的新局面。

社会转型期人民群众需求的多元性

随着社会生产的快速发展和人们思想观念的日渐更新，人民群众需求的对象、层次、构成、属性、主体等都发生了重大变化。

从需求的对象看，非物质需求日益突出。国际经验表明，当一个国家人均国内生产总值达到 3 000 美元时，居民消费进入物质消费和精神文化消费并重时期；超过 5 000 美元时，居民消费将进入精神文化消费的旺盛时期。我国人均国内生产总值已经超过 5 000 美元，随着经济社会全面发展和物质生活水平提升，人民群众的精神文化需求前所未有地强烈，求知求乐求美的愿望日益迫切。同时，伴随着中国社会转型和体制改革的继续深入推进，社会生活和价值观念也不断变化和日趋多元化，人们面对越来越大的多重心理压力，更加注重精神和心理需求的满足。

从需求的层次看，高层次需求日益突出。当前，我国已经告别了全面短缺时代，人民群众的需求正在向着更高层次的方向发展，对法律、秩序、公正、道义等的追求开始日益上升，主体意识、权利意识、公民意识越来越强烈，民主参与、诉求表达、利益维护、尊重、发展、价值实现等方面的需求越来越突出。

从需求的构成看，综合性需求日益突出。在物资匮乏的年代，人们的需求往往是单一的，必须以温饱为主。随着时代条件的变化和社会财富的丰富，人们的需求变得越来越复杂，综合性越来越强，解决的难度也越来越高。马克思说："人以其需要的无限性和广泛性区别于其他一切动物。"近年来，各地不断发生因环境问题引发的群体性事件就反映了人民群众生态意识日渐强烈、对生态环境要求越来越突出的需求。诸如此类需求的解决涉及社会生活的方方面面，需调动的社会资源和社会力量也很大，往往"牵一发而动全身"。

从需求的属性看，社会性需求日益突出。现代社会是一个开放多元的社会,人们越来越多地突破狭小的私人领域进入社会公共领域,生活空间变得越来越开阔,社会性需求也开始日益突出,即便是原来的个人需求也越来越多地具有了社会属性。人们不再仅仅关注个人生活领域,而是超越私人需求关注社会需求,超越家庭需求关注公共需求,特别是对公共产品和服务的需求呈现快速增长日渐突出的势头,公共权力、公共安全、公共资源等问题成为全社会关注的热点焦点。

从需求的主体看,个性化需求日益突出。在社会财富提供了充分的物质基础后,需求主体的分化越来越快、越来越多,个性化、多元化需求越来越突出,靠提供单一产品满足很多人的需求已经不可能。当前群众工作难度大的一个重要原因就是近乎每个人都有不同的“想法”,甚至同一个人不同时间都是不同的需求主体。

从需求的发展水平看,不平衡日益突出。改革开放后伴随着发展的不平衡,人们需求水平的不平衡也越来越突出,城乡之间、地区之间、行业之间、人群之间、个体之间需求发展水平的差异开始拉大。同时,随着经济社会的不断发展,人民群众的需求还将处于不断变化发展中,原有的需求尚未很好满足,新的需求又不断产生。

公平正义是衡量社会文明发展的标准

伴随中国经济的增长与社会快速发展,进入到现代社会之后,国家社会治理目标产生了更加清晰的定位,逐渐从保障社会平稳转变成追求以共同建设、共同分享为基础的社会公平正义。

党的十八届三中全会将社会管理理念转变为社会治理理念,这彰显出了社会治理理论的巨大进步。党的十八届五中全会提出了“全民共建共享”的社会治理目标。党的十九大报告里明确指出,必须要“加强和创新社会治理”,这使得共建共治共享的社会治理工作被提上日程,彰显出了清晰的现代社会治理目标。“共享发展注重的是解决社会公平正义问题。”在实现共建共享社会治理目标时，必须要遵循“以人为本”的发展原则，共建是共享得以实现的基础，共建旨在达到共享，使得全部社会成员在参与社会治理过程中，共同分享改革获得的成效，发展带来的益处。所以，在开展社会治理工作时，要将“发展为了人民、发展依靠人民、发展成果由人民共享”等诸多理念加入在内，积极扩大民众参与社会治理工作的途径。国家提出共建共享社会治理目标，这对社会治理来说是模式上的创新和改造，体现了社会治理观念的巨大进步。

如今，社会治理新常态以实现社会公平正义为目标愿景。在这种社会背景下，怎样使得所有社会群体可以平等地享受发展机遇、平等地获取发展资源，怎样构建完善的收入分配机制与社会保障机制，怎样确保社会成员平等享有公共服务等诸多问题，是加快创新社会治理亟待解决的核心问题，必须将公正作为价值体系中必不可少的一部分，将改善民生作为各项工作的终极目标。

二、治理主体从“政府单一主体”转变为“社会多元治理主体”

传统社会管理模式将政府作为单一的管理主体，视公众为被管理和控制的对象，即便有社会主体的部分参与，也通常由政府占据绝对主导地位。在社会治理新常态中，政府在发挥主导作用的同时，鼓励并培育社会各方参与合作共治，通过建立主体间的学习网络和增进主体间反复沟通与共同协商，达成统一目标，形成集体行动，并在目标与行动发生偏差或冲突时能够再次通过沟通与协商来修正目标、推进行动。

政府在中国社会治理体系里处在主导位置，很长时间以来，被认定成仅有的社会治理主体。在中国特殊的发展背景下，“大政府”的运作形式对提高社会治理效率做出了突出的贡献，然而伴随经济增长与社会发展，大政府模式具有的不足之处逐渐显露出来。政府手中约束着很多社会资源，使得社会力量被逐渐削弱，导致原来应当由社会提供的一系列服务被纳入了政府应当承担的职能范畴内，政府职责逐渐扩充，压力越来越大。最为理想化的社会治理状态应当是诸多主体共同参与、齐心协力的过程。党的十八大以来，社会治理突破了政府单一主体的治理模式，形成了政府和社会共同协作、多元主体共同参与社会治理的新局面，使得社会治理工作逐渐从"政府本位"转变成"社会本位"。

单位制、街居制、社区制的政策演变

中华人民共和国成立后，在城市基层社会逐步建立了以"单位制"为主、以基层地区管理("街居制")为辅的管理体制。国家通过单位这一组织形式管理职工，通过街居体系管理社会闲散人员、民政救济和社会优抚对象等，从而实现了对城市全体社会成员的控制和整合，达到了稳定社会和巩固政权的目的。但是，在我国经济转轨和社会转型之后，单位制逐渐被打破，单位管理模式趋于失效。街居制也由于基层社会的巨大变化而面临很多的现实难题，在管理上陷入困境。因此，城市基层社会迫切需要一种新的组织形态和管理体制来解决社会中出现的问题和各种矛盾，承担起重新整合社会的功能。社区制的出现是一种必然要求，它改变了传统的城市基层社会管理的理念和方法，必将在未来对我国城市社会的发展起到重大的作用。

单位制：走入历史

单位制是中华人民共和国成立后社会管理的产物，单位是适应计划经济体制而设立的一种特殊的组织形式，具有政治、经济与社会三位一体的功能，以行政性、封闭性、单一性为特征。单位制的形成有特定的历史背景，在当时起到了重要的社会整合作用，但也带来了制度性的后果，造就了总体性社会和依赖性人格。在我国改革开放后，所有制结构出现了变动，社会主义市场经济体制逐步建立，社会流动也迅速加剧，导致单位制渐渐走到崩溃的边缘，逐步退出历史舞台。

街居制：身陷困境

在计划经济体制时期，我国对社会的管理以单位制管理为主，以基层地区管理为辅。地区管理主要是通过街道办事处和居民委员会这两个组织来开展工作，这一制度被称为街居制。街居体系经历了数十年的发展变化，但一直扮演着政府的"脚"的角色，简单地被动地执行上级下达的任务。伴随着改革的深入和社会的转型，我国城市基层管理出现了很多新情况新问题，街居制面临着不少现实难题，主要表现为职能超载、职权有限和角色尴尬，因而越来越不符合城市社会发展的需要。

社区制：浮出水面

在社会学史上，"社区"这个概念最初是由德国社会学家滕尼斯提出的。滕尼斯认为，社区表示由具有共同价值取向的同质人口组成的关系密切、守望相助、富于人情味的社会共同体。在此之后，"社区"这一概念被各国学者加以引申和扩展，但并未形成一个统一的范畴。在我国，"社区"一词在 20 世纪 30 年代被引进，而作为一个广泛使用的名词始于 1986 年。当时，民政部为推进城市社会福利工作改革，争取社会力量参与兴办社会福利事业，并将后者区别于民政部门代表国家办的"社会"的福利，就另起了一个名字，称之为"社区服务"，由此引入了社区概念。1991 年，民政部为了开拓民政工作又提出"社区建设"的概念。1998 年，国务院的政府体制改革方案确定民政部在原基层政权建设司的基础上设立基层政权和社区建设司，意在推动社区建设在全国的发展。2000 年 11 月，国务院办公厅转发了民政部关于在全国推进城市社区建设的意见，使社区建设在全国城市中轰轰烈烈地开展起来。但是，就目前的实际情况来看，各地对"社区"概念的理解并不十分清楚，因而在社区建设的具体实践中存在很大的差异。

社区建设的本身包含管理体制的改革。社区制是对单位制、街居制的一种超越和重整，它的主要特征体现在以下几个方面：第一，从管理理念上来说，面向全体居民，以居民为主，以人为本，变管理为服务；第二，从管理形式上来说，从强调行政控制到强调居民参与；第三，从管理目标来说，改变政府管理的唯一主体地位，加强政府与社区的合作，达至善治——良好的治理。

社区制的出现有以下几点必然要求：

首先是社会整合的要求。在改革以前，国家通过以单位制为主、以街居制为辅的方式实现了对社会的超强整合，国家几乎取代了社会，在体制外几乎不存在任何自由流动资源和自由活动空间，个人缺乏主体性的地位。改革以后，伴随着社会的转型，单位制逐步走向解体，“单位人”转变成为“社会人”“社区人”，人们越来越多地要靠市场和社区，而不再完全靠单位来解决生活需求问题。伴随着市场经济的发展，个体、私营从业人员等“无单位归属人员”以及流动人员越来越多。伴随着人口的老龄化和“提前退休”政策的实施，各居民区的老年人口尤其是离退休人员显著增多。这些新情况的出现，增加了城市基层管理的任务。原来的街居体系被动地承接这些工作，但由于前文所述的现实困境而无力承担起社会整合的繁重任务。与此同时，在社会变迁的过程中，社会的力量也逐渐发育和成长，国家不能再采取以前的方式还把触角渗透到社会的每一个领域。因此，面对社会发展中出现的新形势新任务，要实现社会整合的目标，在城市基层社会管理中采用社区制是必然的要求。采用社区制进行管理，可以满足社区居民的各种需要，解决社区中存在的问题，促进居民之间的了解和交流，形成和谐的人际关系，进而实现对社会利益的整体协调，推动个人和社会的发展。

其次是人的全面发展的要求。改革开放 40 年来，我国城镇居民的收入水平和生活水平得到了极大提高。按照马斯洛的需要层次理论，居民在生活水平提高后，就不会再满足于吃饱穿暖，而要追求更高的生活质量，追求生活的丰富多彩和自我价值的实现。党的十六大报告提出的全面建设小康社会的目标，不仅具有政治学意义、社会学意义，还具有人文意义。全面建设小康社会的内涵不仅包括物质层面，还包括政治、文化、自然生态等内容。马克思主义认为，社会发展的本质是人的发展，促进人的全面发展是社会主义的本质要求。如果片面强调物的发展，结果只会出现异化的社会。人都居住在社区，是社区的主体，人的发展和社区紧密相连。要全面建成小康社会，就需要从基础设施到居住环境、从物质文明到精神文明、从社区参与到政治民主、从社会秩序到人际关系等方面满足人的全面发展的要求。显然，原来的单位制和现存的街居制都限制了人的全面发展的要求，而社区制则是回归人性、达到人的全面发展要求的制度设计。

最后是党的工作落脚点的要求。过去在计划经济体制下，党的工作落脚点主要在单位。经常出现的情况是，党不仅发挥领导核心的作用，还直接从事行政事务、经济事务和社会事务等工作，由此加大了党的政治成本、经济成本和社会成本，社会矛盾的焦点都会要求党组织来介入，无形中增加了社会稳定的风险。而在市场经济条件下，在城市基层社会管理中实行社区制，可以使基层党组织从过去的很多行政负担中解脱出来，使党的工作真正面向社区，加强与社区的联系，使党可以集中精力从事社区工作，整合社区党员，运用党的资源服务社区、帮助社区。如此一来，党巩固基层政权的重心从单位转到社区，社区成为党的工作的落脚点，党始终保持与群众的血肉联系，党的执政地位就可以得到巩固。

大政府还是小政府？

从 20 世纪开始，经济学家和哲学家们在对于政府对经济的作用的讨论中，观点开始两极化。一方面，以约翰·梅纳德·凯恩斯为代表的凯恩斯主义学派认为，在市场经济中，政府应该通过干预经济来维持总供需和就业，不为财政赤字和公共债务的扩张犹豫不决。另一方面，以弗里德里希·哈耶克为代表的自由主义和新自由主义学派主张，政府从经济活动中撤军，因为市场有其自身内部的自我调节机制。前者会带来沉重的政府干预，更高的收入和财政支出，而后者会产生相对较低的收入和政府财政支出。

“大政府”和“小政府”显然是相对的两个概念。对其内涵的界定，一部分学者基于事实判断，认为“大政府”即政府的规模比较大。这种观点通常包含两个含义，一是指政府人员在国家总人口中的比重较大，即官民比例；二是指政府预算支出占国家GDP（国内生产总值）比例较大。另一部分学者从国家职能理念出发，认为“大政府”是政府在国家各项事务发展中起支配作用，在社会事务管理中，占据较多的领域，对市场经济的发展进行过多干预，“小政府”则反之。还有人基于权力大小的考虑，主张“大政府”是指政府的权力超出了合适的限度，对社会发展产生了制约作用。此外，还有学者从国家对内、对外职能和权威角度出发来进行讨论。以美国为例，他们指出美国政府在“对外”时，呈现极大强势，显然是“大政府”的表征；而在“对内”方面则在不同的领域扮演着大小不一的角色。再者，有人以国家性质对政府类型进行划分，显然有失偏颇。

综合学界对“大政府”和“小政府”的内涵界定，主要集中在政府的规模和职能两个层面上。由职能增长引发的机构增长和人员增长在世界各国引起广泛关注。自20世纪开始，各国纷纷进行的“大部制”改革，大多数成效显著。政府应该是干预型的“大政府”还是放任型的“小政府”，世界各国政府在发展中不断调整和改革，这当中遵循的逻辑和规律，需从发展历程中进行总结。

社会组织发展情况、公民参与意愿强烈

我国的社会治理就其本质而言，是诸多主体共同参与治理工作的过程。社会治理是一项非常复杂浩大的工程，只是依附于政府单一主体运作很难完成。社会组织作为中国共产党事业必不可少的一部分，是社会治理工作的力量保障。我国的社会组织规模庞大，类型多样，具体来说包含社会服务

机构、社团组织、基金会等。党的十八大之后，各级政府颁布了诸多社会事业激励政策，使得越来越多的社会组织出现，成为经济建设必不可少的重要力量，产生了积极的影响。然而总体来说，社会组织本身发展具有诸多不足之处，例如政策机制不够健全、法律制度较为落后、发展规模不够庞大、发展水平有待提升等。为促进社会组织平稳持续发展，充分发挥社会组织在社会治理中的积极作用，中共中央办公厅、国务院办公厅印发了《关于改革社会组织管理制度促进社会组织健康有序发展的意见》，对社会组织的发展目标做出了清晰的规定："到 2020 年，统一登记、各司其职、协调配合、分级负责、依法监管的中国特色社会组织管理体制建立健全，社会组织法规政策更加完善，综合监管更加有效，党组织作用发挥更加明显，发展环境更加优化；政社分开、权责明确、依法自治的社会组织制度基本建立，结构合理、功能完善、竞争有序、诚信自律、充满活力的社会组织发展格局基本形式。"随后党和政府又相继颁布了诸多优惠扶持政策，激发社会组织的活力，使多元治理社会机制拥有了政策保障。

良好的社会治理的实现，除了社会组织的助力以外，也离不开社会公众的政治参与。对于政治参与我们可以理解为公民通过各种合法方式直接或间接参加政治生活，并影响政治体系的构成、运行方式、运行规则和政策过程的行为。它不仅是政治权利得以实现的重要方式，而且也反映着公民在社会政治生活中的地位、作用和选择范围。之所以把公众参与和治理理论联系起来，是因为治理理论核心的特点在于它强调多元治理主体的参与和互动协商。较为经典的"治理"的概念是全球治理委员会在 1995 年发表的一份题为《我们的全球伙伴关系》的研究报告中界定的，即指政府和民间、公共机构和个人共同参与解决共同事务的过程，是对相互冲突的利益进行协调以实现共同目标的过程。因此，也可以说政府治理的过程就是公众参与的过程。

在现阶段，公民参与在社会治理中的积极作用开始凸显，公民的参与意识和参与能力也有了迅猛的进步发展。在社会治理中,公民参与的内容不断拓宽,除了文化、卫生、环境等之外开始涉及更多领域和范围。例如,在社区中,居民开始参与到社区居委会和业委会成员的选举、社区章程的制定和修改等方面。同时,城市社区的公民为了维护自身的利益,也开始自发或通过社区组织开展一系列的社区维权活动,通过多种渠道和方式参与到社区治理中。此外,随着互联网的发展和普及,现阶段的公民参与形式突破了传统的“线下”参与的形式,更多的是利用新兴网络论坛和软件等通过“线上”的参与方式参与到社会治理的事务中来。及时有效的参与成了现阶段公民参与的特点。公民的利益表达诉求明显增强,参与的意识和能力以及参与的及时性和有效性都呈现出积极发展的状态。

社会事务的精细化治理及分类

现代治理理念突出多元合作治理,那么多元主体间的地位如何?它们之间基于怎样的原则进行合作?其合作的运行框架是如何构建的?合作模式间的缺位是如何造成的?又该如何解决?上述问题不仅是理论界所着力研究的内容,也是基层社会治理所面临的巨大困惑。

顶层制度的设计通过行政力量的自上而下的推动,推至基层社会便遭遇我国长期社会生活空间领域组织化缺失带来的弊端。政府简政放权、培育社会组织参与社会治理和激发基层群众自治活力是当前我国社会治理研究中主流的政策建议和价值判断。鼓励社会组织和基层公民参与社会公共事务不是政治性口号,而是一条清晰、可行的实施路径。为什么要参与公共事务?要参与哪些公共事务?怎样参与公共事务?参与公共事务对自身有怎样的回报?只有当社会力量明确判断这一系列问题并成为其行动判断的基本价值理性时,真正的社会治理格局才有可能建立。在现代社会,第一个问题已基本解决,接下来我们需要明确的便是第二个问题,即哪些公共事务由哪一元主体承担。这个问题需要基于分工和协同理念进行解答。

现代管理学认为，科学化管理有三个层次：第一个层次是规范化，第二个层次是精细化，第三个层次是个性化。精细化管理不是单纯微观视野的概念，它需要对运行机制、工具以及标准等方面进行统一规划和协调。社会治理中的精细化治理理念是通过对运行规则和内容进行系统化和具体化的说明，应用现代化的标准数据等手段，使社会治理各主体能精确、高效、协作和持续地进行社会治理。以科学、理性为特征的精细化管理代表了现代社会的发展规律。社会治理精细化是国家治理现代化的必然逻辑，也是我国破解基层社会治理难题的重要突破口。

精细化治理较之粗放式管理有着明显的实践亲和力。当人们对粗放式管理的后果深恶痛绝时，却对如何改变这种局面反思不够充分。精细化治理是政府转变职能的关键要素，也是明确划分政府、社会和市场三者界限的依据。将公共事务和公共职能在政府层面和基层社会层面明确区分，并以政府权力清单、社区事务清单的形式列出，以此作为社会治理各主体间的权力运行规范，同时在运行机制上系统、规范地确认完毕后，才能为下一步社会治理精细化考评奠定坚实的基础。

多元治理主体的协同机制的建立

在构建“党委领导、政府负责、社会协同、公众参与、法治保障”的社会治理体制的过程中，政府一方面让渡权力，一方面自上而下地培育社会力量承接这部分权力，并进一步通过这些社会力量聚集个体的力量，使他们通过有组织、有程序的集体行动表达诉求。基于我国政府和人民利益的一致性，我国不会出现西方国家政府—社会的利益博弈，我国当代的社会治理本质上是将国家权力的委托—代理关系明确化和低成本化，通过多元治理主体的加入，将中央—地方关系中的非正式委托和非正式代理的生存空间压缩。

在建立现代基层社会治理体系过程中，构建“党委领导、政府主导、社会协同、公众参与、法治保障”的社会治理体制具有重要意义。从行政体制运行中的权力结构而言，现代社会治理制度的建设就是要将传统体制中最易出现的“以党代政、以政办社”的权力结构转化为“以党领政、以政引社”的权力运行结构。我们最终要建立的是小政府、大社会、多主体、强自治的基层社会管理模式。在这一模式中政党、政府、社区、社会组织和公民处于何种地位，如何才能在明确其分工及运作模式基础上进行系统化、流程化整合，使各治理主体在分工协作的基础上还能优势互补，不会出现职能条块分割下的管理真空，这一系列的问题的解决才是多元治理主体协同机制构建的目的。

三、实现手段从“行政理念与命令”转变为“法治思维与方式”

在实现手段上，传统社会管理模式重行政、轻法治，主要通过行政管控、防控的方式来管理社会，因而具有浓重的应急性与单向性色彩，通常以“危机管理”的消极态度来应对社会问题，以自上而下的行政施压来处理社会冲突，以摆平策略来敷衍群众的利益诉求。而在社会治理的理念中，强调法治思维和法治方式，不仅注重依法治国，制定公平合理的法治框架以维护人民权利、保障其在社会事务中的自由，而且注重依法行政，以法律限制公权力，防范“行政吸纳社会”，从而更好地发挥政府在社会治理中的主导作用。

在中国传统社会中，人治曾长期处于支配地位，成为国家统治的主流符号体系。在历史某些时段，中华民族也曾在人治的管控模式下繁荣昌盛过，但却一直没有逃出兴乱治衰的“历史周期律”。社会治理在本质上体现了契约的精神，法治成为社会治理的底色则是走向现代化治理的必然。法治不仅规范约束着政府公权力的运用，同时也明确了社会治理各参与方的权力、权利与责任。在中国，不论是对传统治理主体的政府而言，还是对日渐兴起的社会组织和个人而言，在法治轨道内审慎运用社会公权力和个人私权力，遵循法治背景下的“游戏规则”，才可使国家各种治理关系得到长久的维系和发展。

公共管理的手段

公共管理的手段是指公共管理组织及其工作人员为履行公共管理职能和实现公共管理目标，所采取的各种管理措施、办法、技巧等的总称。按照公共管理的直接性和强制性程度，主要的公共管理手段可以分为法律手段、行政手段、经济手段。

公共管理的法律手段是指通过各种法律、法令、法规以及司法、仲裁工作，特别是通过立法和司法方式来调整政策执行活动中各种关系的方法。法律手段所依靠的不仅仅是国家正式颁布的法律，同时也包括国家各类管理机构制定和实施的各种类似于法律、具有法律效力的规范。

现代公共活动的基本特征是法治化管理。法治化管理即通过法律对公共管理的各项活动、各个环节进行调整和规范，将公共管理的一系列技术方法、协调手段、行为方式、步骤和程序法律化、制度化，为公共管理提供法律依据和法律保障。

公共管理的行政手段是指依靠行政组织的权威，通过强制性的行政命令和公共政策，直接对管理对象产生影响的方法。传统行政手段一般采用决议、决定、命令、指示、规定、指令性计划、规章制度、工作程序、标准、定额等行政方式，按照行政系统、行政层次和行政区划来实施管理，主要包括行政征收、行政征用、行政给付、行政奖励、行政补偿、行政裁决、行政确认、行政处罚、行政许可、行政强制措施等行政行为类型。

公共管理的经济手段是指政府在自觉依据和运用价值规律的基础上借助于经济杠杆的调节作用，对国民经济进行宏观调控，调节各方利益关系，控制公共目标的管理方法。经济手段在作用方式上表现为利用利益引导机制间接影响被管理者的行为，凝聚实现管理目标的组织力量，调动社会成员的积极性，使社会成员将个人利益与公共利益进行有机的统一，促进经济效益与社会效益协调发展。

公共管理的经济手段包括两种基本类型：一是通过经济杠杆对国民经济活动进行调节和控制。经济杠杆是对社会经济活动进行宏观调控的价值形式和价值工具，主要包括价格政策、财税政策、货币政策、物资吞吐政策等。价格政策是运用价值规律在市场上的调节作用，主要通过价格变化影响商品生产者、经营者和消费者的经济利益，从而影响他们的经济活动来实现调节和控制，其作用表现为指导生产、指导消费、调节部分国民收入的分配。财税政策主要是根据国家经济发展的需要，制定不同的财政税收政策和制度，通过财政支出、税收征免和税率高低体现对不同产业、不同行业、不同地区在政策上的鼓励或限制，从而影响和调节它们的经济活动。货币政策主要是通过影响银行信贷利率、贷款额、归还期等机制，合理组织经济活动。物资吞吐政策则是对较为重要且极易产生波动的商品进行数量调节，通过物资吞吐措施将其价格和产量维持在控制目标水平上。政府与私人部门或其他组织通过订立契约合同来提供公共服务是当代公共管理中经济手段的另一种重要形式。国家订购合同、环境保护合同、科学研究合同、行政管理责任合同、安全生产合同、劳动就业合同、企业承包合同、农民负担合同等都是常见的公共管理合同。

法治社会建设目标要求法治思维与方式

党的十八届四中全会专题研究全面推进依法治国，明确提出了建设法治社会的重大任务。建设法治社会是全面推进依法治国的内在要求，是构筑法治中国的基石。全会提出了“建设中国特色社会主义法治体系，建设社会主义法治国家”的总目标，将法治中国建设提升到了前所未有的高度。

为了实现推进法治社会建设这一目标，社会治理实践中的重点与要求就在于需要运用法治思维与法治方式。法治建设的具体推进需要建设主体正确的思想认识和切实的行动举措。党的十八大报告首次以党的纲领性文件的形式明确要求提高领导干部运用法治思维与法治方式的能力。十八届三中全会做出的《中共中央关于全面深化改革若干重大问题的决定》再次强调政府在社会治理中发挥主导作用的同时，提出要“坚持依法治理，加强法治保障，运用法治思维和法治方式化解社会矛盾”的基本观点。这是立足于政府在当前的社会管理中存在的“人治”思维、“维稳”思维、权力过大而损害政府应有的社会权威问题提出的反思性要求，再次凸显了我党对法治理念及工作方式法治化在推进法治中国建设中的重要性的认识。

党的十八大以来，我国公民权利意识不断觉醒，公民依赖公权力救济的诉求日益增长，法治至上的规则“硬”约束与熟人社会的内部“软”沟通一定程度上产生了矛盾。以习近平同志为核心的党中央提出了一系列有关法治建设的新理念新思想新战略，科学论述了法治本位、法治至上、法治修养、法治逻辑、法治运行、法治伦理、法治底线、监督制约等有关法治的理论要素，深刻阐述了党的领导与全面依法治国、党的坚强领导与支持司法机关依法独立行使司法权、维护社会稳定与满足人民合法诉求、鼓励创新活力与维护社会秩序、权力与权利、管理与服务、法律与道德等法治实践中涉及的重大关系问题，彻底改变了过去单纯依赖政府强制行政管控手段的单一模式，逐步走向以法治贯穿始终的善治之道，体现了中国共产党在法治建设理论上的思想自觉和行动自觉，必将有力推动我国走向现代法治型社会发展道路。协商共治的模式使法治精神成为全民信仰，法治规则成为全社会的共同意识和行为准则，确保社会治理在法治轨道内运行，不断推动社会治理秩序化、规则化发展。

第三章 党的十八大以来关于治理理念的解读

一、党的十八届三中全会有关治理问题的解读

党的十八届三中全会是进入全面深化改革的关键时期后我国召开的一次意义重大的会议，大会审议通过的《中共中央关于全面深化改革若干重大问题的决定》在社会建设方面提出了“创新社会治理体制”的新论断。

社会公共领域与改进社会治理方式

该决定第13部分“创新社会治理体制”指出：“改进社会治理方式。坚持系统治理，加强党委领导，发挥政府主导作用，鼓励和支持社会各方面参与，实现政府治理和社会自我调节、居民自治良性互动。坚持依法治理，加强法治保障，运用法治思维和法治方式化解社会矛盾。坚持综合治理，强化道德约束，规范社会行为，调节利益关系，协调社会关系，解决社会问题。”由此可见，改进社会治理方式已成为创新社会治理体制的重要组成部分。

所谓坚持系统治理，是指社会治理由过去的以政府为主体转变为社会各方面的参与，即“党委领导、政府负责、社会协同、公众参与”，强调在加强党委领导、充分发挥政府主导作用的基础上，进一步鼓励和支持社会各界共同参与，即“整合社会治理”。要积极管理资源，推动建立政府调控机制与社会协调机制相衔接、政府行政职能与社会自治职能互补、政府管理力量与社

会管理力量相互作用的社会合作治理网络。创造公众参与条件，拓宽公众参与渠道，完善公众参与机制，有效动员和组织群众，形成人人参与的社会治理局面。

所谓坚持依法治理，是指治理方式要从管控规制向法治保障转变。一是强化依法治理理念。善于用法治思维和法治方式治理社会，推动形成办事依法、遇事找法、解决问题用法、化解矛盾靠法的法治环境。二是切实加快社会治理领域的立法工作，依靠法律来规范个人、组织的行为，协调社会关系，监督和保护公共权力，保护公民合法权益，防止公共权力对公民权利的侵犯。三是各级执法机关要严格公正执法，努力把各项社会治理活动纳入法治轨道。四是加强法治宣传教育，弘扬法治精神，使每个社会成员都自觉学法尊法守法用法。

所谓坚持综合治理，就是社会治理手段要从政府行政这种单一的手段转变为综合运用多种社会治理手段。一是要规范社会行为，加快建立和完善行为规范体系，通过自律、他律、互律，把人们的行为尽可能地纳入共同行为准则的轨道，形成既有统一意志，又有个人心情舒畅的社会环境；既要尊重个人合法权益，又要维护社会公共权益。二是要强化道德约束手段，运用道德规范社会行为的软力量作用，发挥道德力量的引导和示范作用。三是要调节利益关系，就是要善于运用对话、协商、教育、谈判等方式解决不同利益主体之间的利益冲突，更好地调节和保护各方面的利益，建立有效的利益协调机制。

改进社会治理方式的核心是实现政府治理与社会自治的良性互动，就是政府要继续放权于社会，实现国家权力向社会的有序转移与回归，社会力量承接由政府剥离与转移出来的部分公共事务管理的职能，并迅速填补国家权力有序退出的空间，做到市场和社会能做的就交给市场和社会去做，“实现政府治理和社会自我调节、居民自治良性互动”，否则就会陷入“一管就死、一放就乱”的怪圈。而要实现政府治理和社会自我调节、居民自治良性互动，就需要社会公共领域各方面力量的参与。从某种意义上说，社会公共领域是实现政府治理和社会自我调节、居民自治良性互动的关键所在。

社会公共领域作为政府权力领域与私人领域的中间地带，把政府与民众既隔开又连接起来，这既减少了由于政府直接面对民众而出现政治冲突的概率，又增加了政府与民众沟通的多元通道，从而使民众与政府的联系紧密起来。作为政府与个人之间的缓冲带，社会公共领域联结政府与民众，一方面收集、积聚、形成民众对公共事务的意见，把民声通过公众舆论、社会活动等社会公共领域媒介形式传达给政治权力领域，以供政府在制定政策时采纳或对其形成体制外的压力；另一方面，社会公共领域作为一个国家政治生活和政治秩序之外具有一定自组织能力的自治空间，它又把政府权力领域的声音、意图、决策传达给公民，并通过社会公共领域的商讨机制增加公民对权力领域的认同，从而化解可能出现的冲突。社会公共领域的自组织性特点使它既能够在社会公共领域组织内部满足其成员一定的利益、愿望、主张等公共性诉求，又能够通过其内部协调机制适时化解成员间的各种不满情绪，并且能够不因政府机构和国家领导人的变动而解体，是维护国家权力系统权威性和保持社会秩序稳定的积极力量。

社会公共领域作为社会、个人与政治国家之间的平衡器，它在促成个人与国家间产生距离的同时，又在二者之间架起了理性沟通的桥梁，并确立了三者在社会结构中的稳定秩序。一方面，个人的各种诉求通过社会公共领域中特有的各种社会空间、社团组织、社会活动和公共传媒向公共权力机构传达，并形成若明若暗的现实压力使其得以实现。另一方面，国家权力系统也通过社会公共领域对公民个人的行为进行规制、引导，以避免个人的狭隘性对公共秩序的冲击。社会公共领域孕育了公民与国家对话的基本形式即法律，而法律又进一步确认了公民与国家关系的基本架构。正是在社会公共领域的理性商谈中，公民的利益、意志、道德上升为法律，并获得了公民的认可而取得了合法性。在社会公共领域中，个人与国家之间通过理性沟通达成公共利益的最大化，即达成善治目标。广大民众通过社会公共领域的活动养成了公共参与的习惯，提高了参与能力，最终形成了社会公共生活方式，从而能够承担居民自治和社会自我调节的社会治理重任，进而为实现政府治理和社会自我调节、居民自治的良性互动提供最佳机制。

社会公共领域与激发社会组织活力

该决定在第13部分“创新社会治理体制”的论述中指出：“激发社会组织活力。正确处理政府和社会关系，加快实施政社分开，推进社会组织明确权责、依法自治、发挥作用。适合由社会组织提供的公共服务和解决的事项，交由社会组织承担。支持和发展志愿服务组织。限期实现行业协会商会与行政机关真正脱钩，重点培育和优先发展行业协会商会类、科技类、公益慈善类、城乡社区服务类社会组织，成立时直接依法申请登记。加强对社会组织和在华境外非政府组织的管理，引导它们依法开展活动。”政社分开是社会治理中的核心问题，政府放权与社会力量接权是关键问题。政府职能转变是政府放权的关键，社会力量的成熟与壮大则是社会力量接权的重点。所以，社会治理体制的创新，首先需要培育大量的社会理性治理主体；其次在国家制度性的安排之外，需要集中力量发展非制度性的社会力量。社会公共领域就是这种社会力量。社会公共领域是一个介于私人领域与政府权力领域之间的社会中间地带，是一个既独立于国家权力体系又超越了私人领域狭隘性的社会生活领域和社会文化交往空间，是一个非强制性的权力系统和非制度性的社会力量。

激发社会组织活力的关键是正确处理政府与社会的关系，实质上是政府把权力放给社会组织，真正实现政社分开，适合由社会组织提供的公共服务和解决的事项，都交由社会组织承担，让社会组织具有自主性、独立性，明确自己的权利、责任和义务，实现责权利的统一，这样才能充分调动和发挥社会组织的积极性、主动性、创造性。在当前情况下，就是要加快政府职能转变，尽快出台政府向社会力量转移职能的指导意见和转移事项目录，建立相应的动态调整机制和公示制度。因此，激发社会组织活力的核心要义，一是政府要让权、放权，真正实现政府权力向社会的回归，社会能够自己管理的事务完全交由社会管理；二是社会力量要接好权力，让国家权力回归到理性的社会主体手中，这就要求社会力量的成熟和壮大，使社会成为具有自治、自律、自觉、自省的力量。

社会公共领域能够承接因政府职能转变让渡出来的一部分权力，并能够使之有效运行。政府职能改革的关键就是让权、放权，让国家权力回归社会。这里的权力回归社会，不是无序回归，而是有序承接，否则就会陷入“一放就乱、一乱就收、一收就死”的怪圈。社会公共领域的实体性机制在我国政府职能转变过程中能够发挥体制外的监督、批评、制衡、社会管理等作用。

近年来，我国的各种非政府、非营利的社会团体组织发展很快，已经承接了国家让渡出的一部分权力。根据 1998 年 9 月 25 日国务院第 8 次常务会议通过的《社会团体登记管理条例》的规定，我国的社会团体是指中国公民自愿组成，为实现会员共同意愿，按照其章程开展活动的非营利性社会组织。国家机关以外的组织可以作为单位会员加入社会团体。社会团体主要包括各类协会、学会、联合会、研究会、基金会、商会等社会组织。这些社会组织业务范围涉及科技、教育、文化、卫生、劳动、民政、体育、环境保护、法律服务、社会中介服务、工商服务、农村及农业发展等社会生活的各个领域。作为社会服务提供平台和提供者的各类社会团体组织，具有较强的社会自律性、社会自治性，一方面其社会影响力、社会公信力，以及在某些方面的社会动员能力都不逊于政府部门；另一方面社会团体组织所具有的遵法性、自治性、公共理性等特征，使其能够避免和超越企业、个人以及一些缺乏法律支持的草根性组织的狭隘性、趋利性、社会破坏性，从而能够起到维护社会稳定的作用。

因此,作为社会公共领域重要组成部分的社会团体组织既能够顺利承接政府职能转变下放的一部分权力,又能够凭借其理性能力、社会动员能力促使政府进一步改革,进一步向社会下放权力,推进政府职能转变。

社会公共领域与社会矛盾的有效预防化解

该决定在第13部分“创新社会治理体制”的论述中指出:“创新有效预防和化解社会矛盾体制。健全重大决策社会稳定风险评估机制。建立畅通有序的诉求表达、心理干预、矛盾调处、权益保障机制,使群众问题能反映、矛盾能化解、权益有保障。”在有效预防和化解社会矛盾过程中,社会公共领域提供了最佳的运行机制。

社会公共领域是社会稳定风险评估的主要平台。社会稳定风险评估指的是对涉及民众切身利益的重大决策在实施前必须广泛听取民意,对其可能引起的社会风险、环境影响、矛盾纠纷及各种不稳定因素进行事前判断,把可能影响群众利益和社会稳定的问题与矛盾解决在决策之前。重大政策制定、重大项目审批、重大工程立项、重大举措出台前,都要采取公示、听证等方式广泛听取意见,及时发现各种苗头性、倾向性、潜在性问题,确保决策的合法性、合理性、可行性、安全性。可以说,社会稳定风险评估的实质是民众对政府决策的广泛深入参与,要努力使重大决策的出台过程成为政府倾听民意、改善民生、化解民忧的过程,做到绝大多数民众不支持的决策不出台或缓出台。

由各式各样的社团组织、公共传媒和社会活动等构成的社会公共领域,既是一个无处不在的社会网络,又是一个具有一定的自主性、组织性、自觉性的社会力量,同时它也是最为有力的表达民意的载体,对政府决策最具影响力。社会公共领域具有社会问题的减压阀和缓冲器的功能,这有利于化解社会矛盾,减少社会冲突,实现社会的安定有序。

社会公共领域作为由各种非政府团体及媒介等构成的社会文化生活领

域，它是国家与经济领域、社会领域之间自由沟通以形成理解或通过交涉以达成妥协的非制度化渠道，具有社会信息的沟通与传递功能，这有利于消解因社会信息沟通不畅而产生的社会不和谐问题。社会信息的公开既是公民权利的正当要求，也是公众监督政府、减少腐败、增强政治合法性的有效途径。

社会公共领域在国家与私人之间架起信息沟通的桥梁，一方面，它像一个社会的预警系统，把存在于民间的社会矛盾、社会问题传递给国家权力系统，以便政府及时了解民情民意，及早提出应对措施，化解社会矛盾，避免引发剧烈的社会冲突；另一方面，它像一个社会的传感器，把国家权力领域的政治意志、政治要求、大政方针、路线政策，通过这种非政府的、更普遍、更容易为民间接受的社会中间系统传达给私人领域，这就可以避免因沟通渠道的问题而造成的政治信息失真等问题，从而减少社会矛盾和冲突。所以，社会公共领域是参与政府重大决策事前社会稳定风险评估的主要平台。

社会公共领域是建立畅通有序的诉求表达、心理干预、矛盾调处、权益保障机制的有效载体。当前我国的许多社会矛盾是由于民众利益表达机制不畅造成的，主要表现在：人民的利益表达渠道不畅、利益表达方式不当、利益表达效率低下等。这些问题的存在进一步激化了社会矛盾甚至引发了群体性事件。

社会公共领域里各式各样的社团组织、公共传媒和社会活动等为社会公众的利益表达提供了广阔而便捷的渠道，尤其是作为公共传媒的互联网已经成为社会公众利益表达的基本渠道。社会公共领域内没有制度壁垒，没有时间和空间的局限性，可以说，任何社会公众都可以成为社会公共领域的主体。在社会公共领域里，社会公众既可以就公共利益问题发表意见，采取实际行动；也可以就某一个侵权事件发表观点，甚至站出来提供维权支持。近年来，许多弱势群体权利受损的问题，通过制度性渠道久拖不决，而通过网上发帖、博客、微博等方式引入公共领域之后，在社会公众的参与下，权力部门或利益集团感受到了现实的压力，不得不重视起来，使问题迅速得以解决。因此，社会公共领域为各个利益主体提供了规范、有序、畅通、便捷的利益诉求表达渠道。

社会公共领域与公共安全体系的构建

该决定在第13部分“创新社会治理体制”的论述中指出：“健全公共安全体系。完善统一权威的食品药品安全监管机构，建立最严格的覆盖全过程的监管制度，建立食品原产地可追溯制度和质量标识制度，保障食品药品安全。深化安全生产管理体制改革，建立隐患排查治理体系和安全预防控制体系，遏制重特大安全事故。健全防灾减灾救灾体制。加强社会治安综合治理，创新立体化社会治安防控体系，依法严密防范和惩治各类违法犯罪活动。”这表明，国家公共安全不仅包括诸如海洋、国防等国家战略层面的宏观安全问题，还包括诸如社会治安管理、生产安全等微观安全问题。

社会生活的各个领域中都存在着公共安全问题。我国社会发生的一系列公共安全事件表明，仅仅依靠国家一方来解决我国的公共安全问题是不够的。这也需要动员社会力量的参与，需要通过社会公共领域的各种机制来动员社会资本、调动社会资源，只有这样，才能形成维护公共安全的有效机制。

社会公共领域的参与主体，能够把触角延伸到各行各业、各个领域、各个角落，这样就形成了无处不在、无时不有的“眼睛”，形成了多层次、覆盖整个社会的信息网络系统，从而形成了天然的社会预警系统。

社会公共领域所具有的社会矛盾预警功能，有利于公共安全体系的建立。同时，社会公共领域为民众提供了商谈和解决各种社会公共性问题的广阔平台，并通过由它形成的公众舆论对国家权力系统和各种利益集团进行有效的社会监督，从而发挥维护公共安全的作用。在现实中，孤立分散的个人根本没有能力制约权力系统和强大的利益集团，但社会公共领域能够把分散的、弱小的社会个体联合起来，形成强大的群体力量，成为一种团体的诉求，从而能够对危害公共安全的问题进行监督。尤其是网络传媒提供的社会监督形式，使得民众的意见得以公开表达和讨论，使得诸如社会治安、食品药品、环境事件、生产安全等公共安全问题能够在很短的时间内聚集大量的公众意见，形成强大的社会舆论压力，并使问题得到快速解决。正是社会公众通过各种传媒形式持续关注事件的进展，以实际行动与现实的各种力量较量，才最终揭露了事件的真相，维护了公共安全等社会公共利益，彰显了社会正义。这表明，社会公共领域已经成为社会监督的重要力量和主要平台。

总之，社会公共领域的社会组织、公共传媒和社会活动等跨越了正式制度性安排的“官僚制”藩篱，为社会公众的言论表达和社会行动提供了便捷而广阔的社会舞台，使其走入社会领域，发挥理性社会主体的主动性、积极性和创造性，参与社会事务的治理，从而激发社会活力，推进社会治理体制创新。

二、党的十八届四中全会关于“以法治精神推动社会治理”的解读

2014 年 10 月 23 日党的十八届四中全会通过了《中共中央关于全面推进依法治国若干重大问题的决定》，明确提出“坚持系统治理、依法治理、综合治理、源头治理，提高社会治理法治化水平”，从依法治国的高度，进一步深化了十八届三中全会关于创新社会治理体制的部署，也进一步明确回答了“社会治理的根本抓手是什么”这个基本问题，答案就是法治。

推进社会治理为什么要依靠法治

从古今中外的实践看，社会治理的方法和手段无外乎政治信仰、宗教信

仰、道德伦理、经济调控、法律制度等及这些方法和手段的综合运用。但要把哪个方法和手段作为主要的、根本的、首选的、稳定的，人类社会一直在不断探索和实践。

政治信仰具有目标鲜明、动员力强、行动迅速一致等优点，这一手段在政党革命时期以及集中力量办大事、完成急难险重的任务等方面有着明显优势；但这一手段又有信仰面窄、易变性强、规范性弱的特点。如果过分强化这一手段，甚至把它作为社会治理的常态，往往会走向专制，造成重大社会灾难。失去法治约束的政治治理最终将成为脱缰的野马。

宗教信仰具有信仰面宽、信奉内容稳定、规范性强的特点，但也有科学性弱、可控性弱的缺陷。宗教信仰一旦被作为社会治理手段，其危害是巨大的、深远的，从欧洲黑暗的中世纪到目前纷扰于世界各地的极端宗教活动，都说明这一点。一些人过分吹捧西方发达国家宗教的作用，但他们忽视了一点：这些国家都有完善的法治保障。没有法治作保障的信教国家不会拥有长期的稳定、繁荣和发展。

道德伦理有着适用面宽、内化于心外化于行、协调柔和等特点，但也有标准模糊、规范性弱的缺点。道德伦理只能作为社会治理的辅助手段，如果把它作为主要手段，很容易把人封闭起来，在愚昧落后中徘徊。中国封建时期的基层社会治理的主要手段就是依靠封建礼教，虽然也美其名曰“德治”，其后果如何不言而喻。

经济调控手段有着简单、清晰、高效的特点，但也有实用、逐利、短视的问题。过分依赖这一手段进行社会治理会导致严重的社会问题，尤其会导致社会失衡、唯利是图。自由竞争的资本主义曾经被信奉为社会发展的灵丹妙药，但“羊吃人”、“人沦为机器的奴隶”、社会道德沦丧等一系列问题相继出现、累加，最终导致 19 世纪的欧洲经济危机，引发大规模的工人运动，社会动荡不安。

在社会治理的各类手段中，法律制度有着最强的规范性、标志性、执行性和稳定性。当然法律制度也有百密一疏、文滞于时等缺陷，但这些亦可通过提升立法技术来弥补。正因如此，从古至今的统治者，不论是属于奴隶制、封建制、资本主义制，还是社会主义制，一旦取得政权，要做的第一件事就是立法。从古巴比伦王国的汉穆拉比法典到社会主义法律体系，可以说自从国家诞生以来，法在人类社会就从未间断，把法作为治国理政主要的、基本的、首选的、稳定的手段是主权国家的常态。法治是最大的社会公约数。这既是国家治理历史上的最大公约数，也是现实社会的最大公约数。党的十八大在全面推进依法治国的部署中，开宗明义——“法治是治国理政的基本方式”。该决定明确提出：“坚持依法治国、依法执政、依法行政共同推进，坚持法治国家、法治政府、法治社会一体建设”。依法推进社会治理，既是社会治理的内在要求，也是法治作为最大的社会公约数的必然追求。

依法推进社会治理的载体

实施和实现法治必须有稳定的载体，否则法治就会沦为空谈。法治思维是法治的重要思想载体，法治方式是法治的重要物质载体。运用法治思维和法治方式推进社会治理，是法治作为社会的最大公约数的集中体现。社会治理的主体涵盖所有政党团体、国家机构、公民、法人和社会组织，社会治理的客体涉及方方面面，社会治理的方式多种多样，但能够毫无遗漏地约束、引导所有主体的只有法。只有法才有资格成为全体社会成员的共同信仰，只有法治思维才有条件成为全体社会成员的共同思维模式，只有法治方式才有条件成为全体社会成员的共同行为模式。让法治成为全体社会成员的共同信仰，让法治思维成为全体社会成员的共同思维模式，让法治方式成为全体社会成员的共同行为模式，这既是法治的过程，也是法治的目的。因此，法治思维和法治方式应是贯穿社会治理的“纲”，亦是社会治理的目标方向，是社会治理的主旋律。社会治理是一个系统过程，法治思维和法治方式是社会治理基本的、主要的、稳定的思维和方式，但不能走向极端；把法治思维作为唯一思维，把法治方式作为唯一方式，就会陷入“法治万能”的泥潭。在把法治作为基本思维和方式的同时，社会治理必须坚持系统治理、综合治理和源头治理。与法治思维和法治方式同向的政治的、宗教的、道德的、经济的等思维和方式，都是社会治理中不可或缺的。作为依法推进社会治理载体的法治思维和法治方式，应遵循以下四个原则。

法治思维和法治方式必须坚持宪法法律至上

该决定指出“坚持依法治国首先要坚持依宪治国，坚持依法执政首先要坚持依宪执政”。在我国的社会调整系统中，以宪法为核心的法律系统，是最重要的、最权威的。在各种社会调整手段中，它不仅具有至上性，而且具有排他性，即：其他任何社会调整手段不得与之相对抗。除此之外，宪法还具有稳定性、确定性、具体性以及修订程序的严谨性。法治思维和法治方式有多个向度，这些向度的共同源点应该具有权威性、稳定性、确定性和排他性，否则就会引起思维混乱。基于此，社会治理的法治思维和法治方式的主宰，不能是见仁见智的法学理论和百家争鸣的法律思想，更不能是易变多变的政策措施，只能是最具权威性、稳定性、确定性和排他性的法律。

法治思维和法治方式的主线是权利制约权力

该决定指出“必须以规范和约束公权力为重点，加大监督力度，做到有权必有责、用权受监督、违法必追究”。法治的根本问题是解决权利与权力的关系问题，制约权力、保障权利是法治所围绕的主线。权利制约权力是实现人民主权的基本轨道，是宪法至上的内在精神。只有把权利制约权力作为贯穿法治思维和法治方式的主线，才能真正理解宪法把公民权利置于优势地位，从而理直气壮地把“把权力关进制度的笼子”。但权利制约权力并非放任自由的制约，其制约的来源、界限、程序、方式都必须严格依照宪法法律之规定。如果权利制约权力脱离法治轨道，必将导致无政府状态，既谈不上法治，更谈不上维护人权。沿着这个主线，应该推出这样一个清晰的结论：任何权力的来源及其运行必须有法可依，即权力源于法；在禁止之外，权利不受任何侵害，即权利止于禁。

法治思维和法治方式的逻辑定式是程序规则

该决定中“程序”这个词语出现29次之多，可见程序在法治中的分量。长期以来，重结果、轻过程，重证据、轻程序，一直是我们思想和行为的痼疾。实践中因征地拆迁、工程上马、政策出台、案件审理引发的社会矛盾冲突，在很大程度上都是程序规则出了问题，程序没走足、没走好、不透明是主要因素。法治化应当是社会的程序化，程序化的社会是一种更为高级的社会阶段。在法治社会转轨的过程中，程序化的过程就是要逐步消解或淡化我们头脑中的权力本位、权力集中、权力优位以及司法行政化的意识，让“程序之光”普照法治。法治思维和法治方式的一个重要方面，就是程序化。在某种意义上，法治就是程序之治。

法治思维和法治方式的底线是公平正义

该决定明确指出“公正是法治的生命线”。公平正义是法治的价值追求。法治的精神不仅在于有完备的法律法规体系、复杂的执法工作机制，更在于公平正义精神与价值在法治各个环节中真实的体现和实现。法治思维和法治方式的底线是公平正义，突破这一底线，所立之法即为“恶法”。

依法推进社会治理的着力点在哪里

该决定提出要“增强全民法治观念，推进法治社会建设”，在推动全社会树立法治意识、推进多层次多领域依法治理、建设完备的法律服务体系、健全依法维权和化解纠纷机制等四个方面做出全面部署。依法推进社会治理涉及方方面面，但总有轻重缓急，不能眉毛胡子一把抓。因此依法推进社会治理的着力点应是“树立一个意识、规范两个关系、加强三项建设”。

在全社会树立法治意识

该决定提出“法律的权威源自人民的内心拥护和真诚信仰。人民权益要靠法律保障，法律权威要靠人民维护”。全社会法治意识水平是社会治理的“基准线”。总体上看，经过中华人民共和国成立以来的努力，全体国民的物质生活水平和文化素养得到前所未有的提高，各类主体的法治观念和法治意识逐步增强，尊重法律、遵守法律日益成为社会强音。但问题依然存在。改革开放以来，尤其是20世纪90年代以来，全国的刑事发案率逐年攀升，进入21世纪的10多年来，整个国家一直处于“犯罪高发期”。从这个“点”可以“管窥”整个社会法治意识的“面”。尽管原因很多，但法盲人口依然庞大是首要的、重要的、主要的原因。1986年6月28日，邓小平在中央政治局常委会上做了题为《在全体人民中树立法制观念》的讲话，强调指出：“法制教育要从娃娃开始，小学、中学都要进行这个教育，社会上也要进行这个教育。”中华人民共和国成立以来，我们基本消除了文盲，但目前法盲人口依然庞大。除了法律工作者和科班出身的法学人，绝大部分人难以说清刑法、民法、行政法的区别，大部分人对法的认知处于模糊状态，人们对法的敬畏远逊于对权力的敬畏，对法的接受远逊于对习俗的接受，社会法治意识仍处在“初级阶段”水平，这是依法推进社会治理的首要“攻坚点”。该决定明确提出“坚持把全民普法和守法作为依法治国的长期基础性工作”，“把法治教育纳入国民教育体系，从青少年抓起，在中小学设立法治知识课程”。

依法规范社会治理与国家治理、政府治理的关系

党的十八届三中全会不仅决定从社会管理转向社会治理，而且把国家治理、政府治理、社会治理放到了“三位一体”的序列，也是首次把国家、政府、社会从融为一体治理状态中相对分离开来。党的十八届四中全会的决定从促进国家治理体系和治理能力现代化的高度，明确提出“坚持法治国家、法治政府、法治社会一体建设”。

狭义上的社会非但不从属于国家，而且相对独立于国家，因此才有国家与社会的种种论述，协调处理国家与社会的关系亦是现实生活的日常现象。有学者认为，社会和国家的独立性表现在以下两个方面：第一，社会是私人的特殊利益领域，国家是公共的普遍利益领域。第二，社会是自在、不自主

的领域,国家是自为、自主的领域。治理理论所强调的国家与社会的良性互动关系,不应是瓦解国家权威,而是在尊重和维护、甚至提升国家权威的基础上,全面提升公民社会对国家的影响力和制约力,实现国家与社会的共治。

只有在稳定的法治框架下规范国家治理与社会治理的关系,才能真正实现二者的良性互动。根据该决定的精神和内容,可以归纳出依法规范二者关系的关键就是要做到"两个坚持":管理社会事务是国家治理的重要内容,但必须坚持依法管理;人民通过各种途径和形式管理国家事务是社会治理的重要方面,但必须坚持依照法律规定参与管理。

依法规范社会治理与政府治理的关系,应注重解决两方面问题:一是依法厘清政府与社会的边界。该决定明确提出"行政机关要坚持法定职责必须为、法无授权不可为"。政府行政权力来自宪法和法律,宪法和法律赋予政府行政权力行使的领域、范围的边界就是政府与社会的边界,行政权力的行使超越了这个边界就是"法外作为"。如果行政权力无限延伸,政府就会成为"无限政府",但客观上政府又无法承担"无限责任",其结果最终会削弱政府的公信力,甚至导致政府与社会的冲突。二是依法规范政府与社会组织的关系。"政社不分"是一个亟须解决的问题。长期以来,本来作为党和政府与人民群众联系的桥梁和纽带、承担把社会组织起来的任务的各类群团组织,机关化、行政化问题突出,桥梁纽带、组织社会的功能被弱化,新型社会组织在发展的过程中,特别是在"填补"传统群团组织"退化"的功能、"延占"其"退缩"的领域的过程中,直接与传统群团组织产生冲突,间接与政府产生分歧,导致政府与新型社会组织的关系错综复杂。厘清政府与社会组织的关系的依据应是宪法和法律,而不能是政策和行政权力。厘清二者关系的主要内容应是:政府对社会组织的作用应主要体现在依法管理、服务和维护上;社会组织对政府应依法接受其监管,依照法律授权或者依照与政府达成的委托协议承接政府间接实施的社会管理和服务事务,依照具有法

律效力的组织章程等规范，组织、协调其成员与政府“共治”互动。

加强三项建设

一是加强社会治理领域的法律制度建设。该决定指出“法律是治国之重器，良法是善治之前提”，同时提出“加快保障和改善民生、推进社会治理体制创新法律制度建设。依法加强和规范公共服务，完善教育、就业、收入分配、社会保障、医疗卫生、食品安全、扶贫、慈善、社会救助和妇女儿童、老年人、残疾人合法权益保护等方面的法律法规。加强社会组织立法，规范和引导各类社会组织健康发展。制定社区矫正法”。这些规定切中了社会治理的要害。

二是加强现代社会组织体系建设。该决定提出“发挥人民团体和社会组织在法治社会建设中的积极作用”，“发挥社会组织对其成员的行为导引、规则约束、权益维护作用”。现代社会，社会组织既是社会构成的重要因素，也是联系、协调政府部门、企事业单位、村居组织、家庭以及公民个人等各类社会要素的桥梁和纽带。改革开放以来，社会组织逐步走向依法、有序、规范发展的轨道，但整体上，目前仍处于“初级阶段”，虽然其功能日益彰显，但距真正发挥组织社会、管理社会、服务社会的功能，还需一个大力培育、发展、壮大、规范的过程。

三是加强维护群众利益的制度体系建设。目前中国正处于改革的攻坚期，也正处于社会矛盾的凸显期。依法维护群众的合法权益，是化解社会矛盾、维护社会稳定的治本之策，是社会治理的重中之重。基于此，该决定明确提出“构建对维护群众利益具有重大作用的制度体系”。重点要建立健全社会矛盾预警机制、利益表达机制、协商沟通机制、救济救助机制，畅通群众利益协调、权益保障法律渠道；引导和支持人们理性表达诉求、依法维护权益，不断强化法律在维护群众利益、化解社会矛盾中的权威地位。

法治是全社会最大公约数，把法治作为社会治理的根本抓手，是中国社会历史的、现实的、发展的选择。实现依法推进社会治理必须通过实在的、具体的、稳定的载体。这个载体就是法治思维和法治方式。结合中国当下的实际，运用法治思维和法治方式推进社会治理，在全社会树立法治意识是前提和基础，依法规范社会治理与国家治理、政府治理的关系是关键，加强社会治理领域的法律制度建设、现代社会组织体系建设、维护群众利益的制度体系建设是重点。

三、党的十八届五中全会关于“社会治理精细化”的解读

党的十八届五中全会提出：“加强和创新社会治理，推进社会治理精细化，构建全民共建共享的社会治理格局。”社会治理精细化以科学、理性、精准为基本特征，主要是指在绩效目标的引导下，通过科学设置机构部门、优化管理流程，推动社会治理思维和方式转变，实现社会治理的标准化、具体化、人性化。提高社会治理精细化水平，对于推进国家治理体系和治理能力现代化具有重要意义。

解决社会问题是推进社会治理精细化的主要目标，坚持问题导向是推进社会治理精细化的基本方法。随着我国全面深化改革进入攻坚期和深水区，社会利益诉求更加多元，各类社会问题错综复杂，社会治理面临严峻考验。过去一个时期，一些地方不同程度地存在社会治理重管控轻治理、重政府轻社会、重大概轻细节等问题。解决这些问题，需要不断提高社会治理精细化水平，既加强顶层设计又注重基层实践，构建全民共建共享的社会治理格局。

理论基础和时代背景

社会治理精细化是国家治理现代化的题中应有之义。在经历了三十多年的改革开放后，传统经验化、粗放式、全能型的社会管理模式已经无法适

应国家治理现代化和全面建成小康社会的时代需求。十八届五中全会提出社会治理精细化，是继十八届三中全会将社会管理发展为社会治理后的再次升华，是经济发展和社会进步的必然结果。这既对加强社会治理提出了新要求，也为创新社会治理指明了方向。精细化概念起源于近现代企业管理，指的是降低管理成本并减少资源投入，20 世纪初的泰勒制便是典型。后来精细化逐步运用到行政领域和社会事务中，西方新公共管理运动和新公共服务理论都包含了相关内容。以科学和理性为特征的精细化管理代表了现代社会发展规律，是工具理性发展的必然结果。

互联网为社会治理精细化提供了物质前提。我国人口众多且社会结构复杂，互联网发展成为社会治理的“双刃剑”。一方面，无处不在的网络，无处不在的计算，无处不在的数据，无处不在的知识，以及无处不在的“互联网＋”，使得人们利益诉求表达渠道更加多元，各类社会矛盾容易激化，对政府的执政能力提出巨大挑战。另一方面，互联网也给社会治理精细化带来契机。中国互联网络信息中心（CNNIC）发布的第 43 次《中国互联网络发展状况统计报告》显示，截至 2018 年 12 月，我国网民规模达到 8.29 亿，手机网民规模达 8.17 亿，在线政和服务用户规模达 3.94 亿，为社会协同和公众参与提供了前所未有的丰富路径，对于改变政府传统管理模式具有重要技术影响。不论是建设以信息化为支撑的社会治安立体防控体系，还是建立国家人口基础信息库、统一社会信用代码制度和相关实名登记制度，或是完善社会信用体系，如果离开了互联网的普及和应用都是不可想象的。

社会领域诸多问题倒逼精细化治理。中国传统社会并非缺乏精细化的土壤，古代农耕文化就不乏精细的做法。然而“差不多”“估摸着”“大概齐”等思维方式在现实中也并不鲜见。尽管我们在社会治理工作中投入了大量人力、财力、物力资源，但群众工作不到位，社会治理标准化程度低，社会事业服务表面化，“最后一公里”等问题依然存在。共产党人最讲认真，社会治理精细化与认真精神是异曲同工和一脉相承的，精细化程度取决于领导干部社会服务意识与理念的到位与否。要破解社会领域诸多难题，不仅需要器物层面的投入，更需要精细的制度设计和政策执行。

主要内涵和工作任务

宏观制度、中观机制以及微观执行相支撑的内容。精细化到底包含哪些内容？为保证“十三五”时期共享发展成果、社会事业改革以及社会安定有序各项目标如期实现，社会治理精细化至少应包括五个层面的内容：制度设计的精细化、政策执行的精细化、协同机制的精细化、服务对象的精细化以及结果测量的精细化。推进社会治理精细化，包括对社会治理需求的精细了解，对社会治理技术的精密利用，对社会治理组织的精巧激活，对社会治理制度的精确设计，对社会治理工作者能力的精准提升，在全社会提倡精细化治理文化。有学者提出，精细化治理的制度供给应当全面，制度之间的功能需要耦合，制度结构要形成严密的闭环。要通过专业化的岗位职责体系、科学的目标管理体系、公正的绩效考核体系、公平的考评结果应用体系，激发各类主体参与精细化社会治理的积极性。此外，尤其要重视基层工作人员的素质和能力，以此提高政府自身履职的精细化水平。

法治理念、人文关怀、科学精神相结合的原则。社会治理精细化要始终秉持社会视角而非政府本位分析问题，遵循服务为本原则、公私边界原则、人权法治原则、多元协同原则。清华大学公益慈善研究院院长王名教授认为，社会治理精细化是对社会管理的反思和超越，绝不能混淆公权力和私域的边界，避免用社会管控精密化替代社会治理精细化。要坚持以人为本，实现法治、自治和德治的高度统一。首先，良法是社会和公众的底线准则，在此基础上才能合理划分政府与社会的边界。其次，自治是社会系统自身的运行规则。当前政府要着力培育引导社会，而非凡事亲力亲为。此外，德治是社会的内在面向，强调各类社会成员道德自律。现代文明下的社会治理应当秉持权利保障、民主参与、市场经济、良法善治四大原则，否则精细化治理会发生异化。

党委政府、社会组织、广大公众相协同的体制。关于如何完善党委领导、政府负责、社会协同、公众参与、法治保障的社会治理体制，构建多元治理格局，有学者认为：一是党委、政府侧重法规标准、信息化、行为监管等基础制度建设，给社会和公众腾出足够的自治空间，把社会整体作为真正的共同主体来对待；二是中央政府的首要职责是提供社会治理精细化制度框架，引导加快互联网、社会组织、公益慈善等领域立法。同时要向地方政府下放权力，让嵌入城乡社会网络并具有信息优势的基层工作人员更好地为民众提供个性化服务。社会治理格局亟待实现四大转变：一是社会组织与政府部门要从依附的“伙计”关系转变为平等的“伙伴”关系；二是社会组织与公众要从单纯利益关系转变为协商关系；三是社会组织与媒体要从利己关系转变为公益关系；四是国内社会组织与国际社会组织要从对立的斗争关系转变为包容的竞争合作关系。

政策实施方法和路径

创新体制，明确牵头部门。近年来，各地探索出多种类型的社会治理组织体系。例如有地方专门成立社会工作委员会，承担推进社区建设、发展社会组织、培养社会工作者等职责；有地方通过联席会议等形式协调社会治理工作中的重点难点问题。然而上述基层创新并没有从国家顶层设计层面加以确认。推进社会治理精细化的当务之急是明确或新建一个强有力的社会治理牵头部门，赋予其有力的职权和明确的边界，从根本上改善有关部门的尴尬处境，同时从组织机构层面杜绝末端维稳和硬性管控的工作方式。实践中，个别地方的社会治理体制正在向传统回归。尽管这种做法有一定优势，但平安社会建设的功能定位与社会治理精细化的内涵外延并不一致，突出表现为民政等与民众切身利益相关的政府部门无法与传统体制有机兼容，需要加以改变。

找准问题，实施重点突破。社会治理工作千头万绪，在摸清工作底数后，需要找出重点加以突破。社区及社区社会组织是实现精细化的突破口。社区社会组织能够为社区治理和服务提供支撑，特别是针对老年人、儿童、失独家庭、司法矫正人员等人群提供多样化、专业化、人性化、高效化服务，这些服务中许多是政府想做但做不了也不可能做好的。要增强社区服务功能，实现政府治理和社会调节、居民自治良性互动，并从制度设计、场地提供、经费来源、能力建设等方面改善社区社会组织生存环境。同时，激发社区社会组织的活力有利于激发社会活力，从而凝聚社区资源并促进公益慈善常态化。当前政府在推动社区建设、培育社区社会组织、让渡部分权力、支持社区自治方面做了很多努力，但在激发社会活力方面还有很大提升空间，亟待填补不足。

辩证思维，处理好几对关系。一是技术和人文的关系。物联网、大数据等技术手段提高了社会治理的精准度和靶向性，但若使用不当可能威胁个人隐私，甚至侵犯公民基本权利。与之类似，一些地方的网格化管理取得了显著成效，但也存在运行机械化、盲目扩大化等问题。因此需要在技术进步和人文关怀之间寻求均衡，承认并善待社会多元利益诉求，绝不能让精细化治理异化为单纯的管控。二是秩序和活力的关系。人的身份具有多重性，个体嵌入不同社会秩序的结果是产生张力和冲突。不同主体的目标差异和身份冲突是正常的，关键是创新多中心治理合作机制来解决冲突。要健全利益表达、利益协调、利益保护机制，引导群众依法行使权利、表达诉求、解决纠纷，使秩序冲突与内生活力相兼容，在动态中达到最佳均衡点。三是社会治理和社会事业的关系。当前一些社会领域管控力度在加大，同时教育、医疗、社保等社会事业的服务规模和水平也在提高，此外市场机制在治理实践中被越来越多地使用，这些现象都值得关注。理想的社会治理和社会事业的关系是互补兼容和相互促进的，而不是“两张皮”。决不能用社会事业代替社会治理，更不能把社会治理异化为社会管理。只有通过社会治理和社会事业的“双向运动”,才能最终实现共享发展。

四、党的十九大关于“打造共建共治共享的社会治理格局”的解读

加强和创新社会治理,是完善和发展中国特色社会主义制度、推进国家治理体系和治理能力现代化的重要内容。习近平总书记所做的党的十九大报告高度重视社会治理问题,从统筹推进“五位一体”总体布局和协调推进“四个全面”战略布局的高度,对社会治理问题进行了阐述,明确提出要打造共建共治共享的社会治理格局,并提出了一系列新思想新举措,为我们在新的历史条件下加强和创新社会治理指明了方向。

加强社会治理制度建设,完善社会治理体制

党的十八大以来,在以习近平同志为核心的党中央坚强领导下,各地区各部门认真贯彻落实党中央关于社会治理的决策部署,紧紧围绕人民群众反映强烈的有关问题和影响社会安定的突出问题,一手抓问题排查整治,一手抓体制机制建设,着力从源头上预防减少影响社会和谐稳定的问题发生,使一些社会治理难题得到有效破解,平安中国建设取得重大进展。总体上看,我国社会治理体系不断完善,社会安全稳定形势持续向好,人民生命财产安全得到有效维护,广大人民群众的获得感和幸福感不断增强。

与此同时,我们也要清醒地看到,随着我国新型工业化、信息化、城镇化、农业现代化快速发展,经济结构深刻变革、利益格局深刻调整、思想观念深刻变化、社会结构深刻变动,社会治理面临的形势环境变化之快、改革发展稳定任务之重、矛盾风险挑战之多前所未有,给社会治理提出了一系列新挑战新要求,迫切需要我们进一步加强和创新社会治理,努力打造共建共治共享的社会治理格局。

根据社会治理面临的形势，党的十九大报告首先从推进制度建设的角度提出了打造共建共治共享的社会治理格局的思路和要求。报告强调指出，要加强社会治理制度建设，完善党委领导、政府负责、社会协同、公众参与、法治保障的社会治理体制，提高社会治理社会化、法治化、智能化、专业化水平。

贯彻落实报告提出的上述思路和要求，应重点从以下几个方面努力：一是要充分发挥各级党委在社会治理中总揽全局、协调各方的领导核心作用，同时强化各级政府抓好社会治理的责任制。中国特色社会主义最本质的特征是中国共产党领导，中国特色社会主义制度的最大优势是中国共产党领导，因此，加强和创新社会治理，必须加强和改善各级党委对社会治理的领导，同时积极发挥各级政府的社会治理职能，切实搞好公共服务、公共管理、公共安全，确保人民安居乐业、社会安定有序。要全面落实各级党委和政府社会治理主体责任，把加强和创新社会治理纳入各级党委和政府重要议事日程，纳入地方党政领导班子和领导干部政绩考核指标体系。要梳理和规范党政各部门社会治理职能，加强顶层设计、整体规划和统筹协调，建立健全社会治理领域权力清单制度和责任追究制度，形成权责明晰、奖惩分明、分工负责、齐抓共管的社会治理责任链条。

二是要引领和推动社会力量参与社会治理，努力形成社会治理人人参与、人人尽责的良好局面。要创新社会治理思路，扩大开放公共服务市场，通过政府购买服务、健全激励补偿机制等办法，鼓励和引导企事业单位、社会组织、人民群众积极参与社会治理。要注重社会组织培育和引导，推动社会组织明确权责、规范自律、依法自治、发挥作用。要以保障人民群众根本利益为出发点和落脚点，发展人民民主，维护社会公平正义，保障人民在社会治理事务中依法实现自我管理、自我服务、自我教育、自我监督，确保社会治理过程人民参与、成效人民评判、成果人民共享。

三是要坚持法治保障，充分发挥法治对社会治理的引领、规范和保障作用。法治是社会治理的最优模式。要加强社会治理领域相关法律法规立改废和相关政策制度制定完善工作，加快修订城市居民委员会组织法、村民委员会组织法等法律法规，推动形成上下贯通的社会治理制度体系。要运用法治思维和法治方式化解矛盾、破解难题、促进和谐，通过社会治理的制度化、规范化、程序化明确预期、稳定信心、激发活力。

总之，要通过不断加强社会治理制度建设，完善社会治理体制，促进社会治理的社会化、法治化、智能化、专业化水平不断提高。

多措并举，打造共建共治共享的社会治理格局

打造共建共治共享的社会治理格局是一个系统工程，需要从多个方面、多个角度采取措施，综合施策，形成合力，方能取得事半功倍的效果。党的十九大报告在深入分析和准确把握当前和今后一个时期我国社会治理面临的形势和环境基础上，坚持问题导向、需求导向、发展导向有机结合，专项治理与系统治理、综合治理、依法治理、源头治理有机融合，围绕切实解决影响人民安居、社会安定、国家安全的重点难点问题，有针对性地提出了一系列新的重大政策措施，从而为我们打造共建共治共享的社会治理格局提供了基本遵循。

加强预防和化解社会矛盾机制建设，正确处理人民内部矛盾。正确处理人民内部矛盾特别是涉及广大人民群众切身利益的矛盾，是保持社会安定团结良好局面的关键。要完善社会矛盾排查预警机制，努力做到早发现、早预防、早处置。要运用大数据技术、信息化手段，建立社会矛盾排查预警指标体系，汇聚整合各领域矛盾信息，运用数据分析模型，关联发掘重大热点难点问题和矛盾隐患，提高对各类社会矛盾的发现预警能力，形成集信息共享、部门联动、综合研判、跟踪督办、应急处置于一体的工作体系，及时排除、预警、化解、处置各类矛盾风险。要完善重大决策社会稳定风险评估机制，从源头上预防和减少矛盾。对直接关系群众切身利益且涉及面广、容易

引发社会稳定风险的重大决策事项，从法律制度上进一步将风险评估列为必经的前置程序和刚性门槛。要建立规范完善的公众参与规则程序，加强公众参与平台建设，畅通依法有序的信息公开和民意表达渠道，完善第三方评估机制，提高评估的广泛性、公正性、权威性，使评估过程真正成为协调利益、取得共识的过程。要完善矛盾纠纷多元化解机制，提高矛盾纠纷多元化解的整体效果和效力。要积极加强矛盾纠纷多元化解法制建设，督促和推动各地区各部门落实在矛盾纠纷多元化解中的法定责任。积极推动人民调解、行政调解、司法调解衔接联动，推进诉讼与调解、仲裁、行政裁决、行政复议等非诉讼方式有机衔接。大力加强基层综治中心、检调对接平台、专业性矛盾纠纷化解平台建设，有效整合各方面资源和力量，实现联调联动。

树立安全发展理念，健全公共安全体系。各级党委和政府、各级领导干部要牢固树立安全发展理念，弘扬生命至上、安全第一的思想，时刻把人民群众生命安全放在第一位。各地区各部门、各类企业都要坚持安全生产高标准、严要求，招商引资、上项目要严把安全生产关，加大安全生产指标考核权重，实行安全生产和重大安全生产事故风险“一票否决”。要抓紧完善安全生产责任制，把安全责任落实到岗位、落实到人头。党政一把手必须亲力亲为、亲自动手抓，坚持管行业必须管安全、管业务必须管安全，加强督促检查、严格考核奖惩，全面推进安全生产工作。推动建立行业公共安全风险评估、化解和管控制度，明确行业主管部门、监管部门防控行业公共安全风险的主体责任，推动行业主管部门、监管部门定期排查分析所主管、监管行业出现的公共安全风险，完善相关法律制度，堵塞监管漏洞，督促生产经营单位严格落实管控化解措施，确保行业发展和保障安全同步推进。与此同时，要切实加大投入，不断提升全社会的防灾减灾救灾能力。

加快社会治安防控体系建设，保护人民人身权、财产权、人格权。社会治安防控体系是社会治安综合治理的主要依托。应着眼于提升整体效能，进一步加快建设社会治安防控体系，推进立体化、信息化，努力构建全方位的公共安全防控网络。要从统筹城市公共安全综合治理入手，建立政府主导下的实体运作、集约高效的城市安全综合治理指挥调度机构，整合社会治理和市政管理相关部门资源，确立其全方位监测预警风险、统一归口应对处置各类风险的主体地位，努力实现城市运行异常情况、隐患苗头的提前发现、及时预警、有效处置。考虑到公共安全视频监控系统在预防打击犯罪、维护公共安全等领域发挥着越来越重要的作用，应按照“十三五”期间国家安全保障能力建设规划要求，以“全域覆盖、全网共享、全时可用、全程可控”为目标，深入推进公共安全视频监控建设联网应用建设，加快实现联网集约化、联网规范化、应用智能化。要着力改革和加强城乡警务工作，依法打击和惩治黄赌毒黑拐骗等违法犯罪活动，切实保障广大人民群众的生命财产安全。

加强社会心理服务体系建设，培育自尊自信、理性平和、积极向上的社会心态。人是社会的主体。历史和现实反复表明，一个社会是否文明进步、安定和谐，很大程度上取决于公民的思想道德素质。因此，打造共建共治共享的社会治理格局，离不开加强公民道德建设、塑造健康向上的社会形态。要加快建立健全社会心理服务体系，加强和改进思想政治工作，更加注重人文关怀和心理疏导，以切实有效的措施，着力促进公民道德素质的提升。要践行社会主义核心价值观，加强社会公德、职业道德、家庭美德、个人品德教育，深化群众性精神文明创建活动，推动学雷锋活动、学习宣传道德模范常态化，引导人们自觉履行法定义务、社会责任、家庭责任，培育知荣辱、讲正气、做奉献、促和谐的良好风尚。要认真汲取中华传统文化的思想精华和道德精髓，深入挖掘和阐发中华优秀传统文化讲仁爱、重民本、守诚信、崇正义、尚和合、求大同的时代价值，为社会治理厚植道德沃土。要完善惩恶扬善机制，大力宣传美德义行善举，加大对失信失德失范行为的曝光力度，以风清气正的社会氛围，加快推进自尊自信、理性平和、积极向上的社会心态的形成。

加强社区治理体系建设，推动社会治理重心向基层下移。习近平总书记指出："基层是一切工作的落脚点，社会治理的重心必须落实到城乡、社区。"实践也充分证明，城乡社区的服务和管理能力越强，社会治理的基础就越实、越牢。因此，要加快打造共建共治共享的社会治理格局，就必须完善以基层党组织为核心、全社会共同参与的基层社会治理新格局，引导驻区单位、社会组织、群团组织等各类社会力量广泛参与，充分发挥社会各方面作用，健全城乡社区的服务功能和管理功能。要尽可能把资源、服务、管理放到基层，使基层有职有权有物，更好地为群众提供精准有效的服务和管理。要加强城市常态化管理，聚焦人民群众反映强烈的突出问题，狠抓城市管理顽症治理，同时加强流动人口管理，更多运用市场化、法治化手段，促进人口有序流动。要加强创新农村社会治理，主动化解农村社会矛盾，争取做到"小事不出村，大事不出镇，矛盾不上交"。推动社会治理重心向基层下移，强化社区建设，实现政府治理和社会调节、居民自治良性互动。

五、《中共中央国务院关于加强和完善城乡社区治理的意见》的解读

2017 年 6 月印发的《中共中央国务院关于加强和完善城乡社区治理的意见》，是新中国成立以来首个国家层面的城乡社区治理纲领性文件。该意见明确了城乡社区治理的政治方向以及治理的出发点和落脚点，确定了加强和完善城乡社区治理的发展思路和推进策略，对破解城乡社区治理难题、推进国家治理体系和治理能力现代化建设具有极为重要的意义。

确定目标，坚持近期目标与长远规划紧密结合

该意见确立了城乡社区治理的近期目标，即"基本形成基层党组织领导、基层政府主导的多方参与、共同治理的城乡社区治理体系，城乡社区治

理体制更加完善，城乡社区治理能力显著提升，城乡社区公共服务、公共管理、公共安全得到有效保障”。与社会治理目标相比，该目标具有独立性。一方面，社区治理与社会治理不是等同的概念；另一方面，社区治理与社会治理虽然根本目标一致，但是在治理范围、治理内容、治理措施、治理重点等方面仍存在诸多差别。鉴于此，该意见强调："坚持因地制宜，突出特色。推动各地立足自身资源禀赋、基础条件、人文特色等实际，确定加强和完善城乡社区治理的发展思路和推进策略，实现顶层设计和基层实践有机结合，加快形成既有共性又有特色的城乡社区治理模式。”

该意见还确立了城乡社区治理的长远规划，即“努力把城乡社区建设成为和谐有序、绿色文明、创新包容、共建共享的幸福家园”。该目标是我国经过多年社会治理实践总结出来的，既具有历史性，又具有现代性，是在协调推进“四个全面”战略布局下我国的治国理政方略，符合我国构建社会主义和谐社会的发展需要，能够为“两个一百年”奋斗目标和实现中华民族伟大复兴的中国梦提供可靠保证。

明确责任，强调多元主体协同推进

该意见明确了城乡社区治理的主体及其责任，即基层党组织发挥领导核心作用，基层政府发挥主导作用，基层群众性自治组织发挥基础作用，社会力量发挥协同作用。与先前的社会治理相比，该意见更为详尽地明确了基层群众性自治组织的基础作用，还着重强调了“加强基层群众性自治组织规范化建设，合理确定其管辖范围和规模。促进基层群众自治与网格化服务管理有效衔接”。同时，该意见还要求制定“社区治理方面的权责清单”和“依法厘清街道办事处（乡镇政府）和基层群众性自治组织权责边界，明确基层群众性自治组织承担的社区工作事项清单以及协助政府的社区工作事项清单”。另外，该意见还强调城乡社区治理过程中多元主体的协同推进。一方面，该意见要求“坚持城乡统筹，协调发展”，“统筹谋划城乡社区治理工作，注重以城带乡、以乡促城、优势互补、共同提高，促进城乡社区治理协调发展”。另一方面，该意见注重强调“统筹发挥社会力量协同作用”，重视“推进社区、社会组织、社会工作‘三社联动’”，要求“积极引导驻社区机关企事业单位、其他社会力量和市场主体参与社区治理”。

创新举措，注重治理能力建设

该意见尤其重视治理能力建设，突出不同类型能力建设的工作目标和工作内容等方面的差异。针对当前我国城乡社区治理条件、手段、内容等方面的突出问题，该意见要求将改善社区人居环境、加快社区综合服务设施建设、优化社区资源配置、推进社区减负增效、改进社区物业服务管理等作为治理工作的重点。

为加强城乡社区治理能力建设，该意见要求必须全面提升治理法治化、科学化、精细化水平和组织化程度，强调“提高社区居民议事协商能力”，主张构建“城乡社区协商机制”；要求在城乡社区里面加快“公共服务体系建设”，创新“公共服务供给方式”，提升“医疗卫生服务能力和水平”，探索建立“公共空间综合利用机制”；要求“推进法治社区建设”，完善“利益表达机制”“心理疏导机制”“矛盾纠纷调处机制”；要求“提高城乡社区信息基础设施和技术装备水平”，强调“加快互联网与社区治理和服务体系的深度融合”“探索网络化社区治理和服务新模式”“务实推进智慧社区信息系统建设”“加强农村社区信息化建设”等等。

突出重点，着力补足短板

该意见根据目前城乡社区治理中存在的突出问题，明确了城乡社区治理的重点。以前的社会治理具有指令性与计划性，往往更为强调国家、政府的领导组织作用，重视自上而下的治理路径，推崇由政府来集中配置一切社会资源，坚持以稳定政权作为社会治理的核心，通过利益关系将个人和国家联系起来，政府成为“全能政府”，单位成为“全能组织”，这导致社会治理的工作重心常常浮于表层。

该意见在总结近些年我国社会治理经验教训的基础上，明确指出了补足社区治理的五大短板需要做好的重点工作。在改善社区人居环境方面，要求重点加强人们普遍关注的基础设施、公用设施、消防安全等建设工作；在加快社区综合服务设施建设方面，强调规划、标准、形式、内容、运营机制以及贫困地区农村社区综合服务设施建设；在优化社区资源配置方面，要求建立治理资源统筹机制，推动人财物和责权利对称下沉到城乡社区；在推进社区减负增效方面，强调要建立社区工作事项准入制度，精简社区会议和工作台账，实行基层政府统一对社区工作进行综合考核评比，取消对社区工作的"一票否决"事项；在改进社区物业服务管理方面，要求建立健全社区党组织、社区居民委员会、业主委员会和物业服务企业议事协调机制，依法通过多种方式和形式保护业主的合法权益。

重视落实，切实保障治理目标的实现

近些年，我国社会治理取得了不少成绩，但因保障不力，有些工作没能落到实处。鉴于此，该意见将城乡社区治理的组织保障作为重要内容列入其中，要求重点做好四个方面的保障工作。

在领导体制与工作机制方面，该意见要求完善党委和政府统一领导，有关部门和群团组织密切配合，社会力量广泛参与的城乡社区治理工作格局。该格局与我国自 2003 年以来总结出的"党委领导、政府负责、社会协同、公众参与、法治保障"的社会治理新格局相统一。在资金投入方面，该意见要求统筹使用资金，拓宽筹集渠道，提高使用效率，引导社会资金投入和居民群众全过程监督服务项目实施和资金使用。在社区工作者队伍建设方面，该意见要求将该项工作"纳入国家和地方人才发展规划"，通过制定地方管理办法，加强党组织带头人的队伍建设，加强对社区工作者的教育培训，加强社区工作者的作风建设。在政策标准体系和激励宣传机制方面，该意见要求加强相关理论政策研究，做好规划编制工作，制定配套政策，建立治理标准体系，及时总结推广先进经验，积极开展城市和谐社区建设、农村幸福社区建设示范创建活动和城乡社区结对共建活动，大力表彰先进城乡社区组织和优秀城乡社区工作者，广泛宣传城乡社区治理创新做法和突出成效。

下　篇

社会治理“我”在其中

第四章 民主社区

一、城市社区中的各类组织及功能定位

城市社区中的组织类型

社区党组织

社区党组织是党的基层组织的重要组成部分。“街道党(工)委和社区党支部(总支、党委)是党在街道、社区全部工作和战斗力的基础,是街道、社区各种组织和各项工作的领导核心。”社区党组织在社区建设和管理中应该承担以下几个方面的基本功能:一是领导核心功能,二是服务群众功能,三是整合社区共同利益功能,四是维护社区稳定功能。

社区自治组织

社区居民委员会(简称“居委会”)是我国城市基层群众性自治组织,在城市社区中具有重要的地位,发挥着极其重要的作用。其地位和作用表现在以下方面:其一,社区居委会是实现人民民主的重要组织形式。其二,社区居委会是城市基层政权的重要依靠力量。城市基层政权包括不设区的市和市辖区的人民政府及其派出机构——街道办事处。实践证明,社区居委会是城市基层政权建设的基石,没有社区居委会协助政府开展工作,城市社区管理就难以顺利进行。其三,社区居委会是党和政府联系群众的桥梁和

纽带。其四，社区居委会是两个文明建设的重要力量。在目前的基层社区中，普遍存在着居委会与党支部“两块牌子，一套人马”和“（居委会）主任与（党支部）书记一肩挑”的“党政一体”现象。

社区群团组织

社区群团组织是指社区内不在民政部门进行社团登记的人民团体和群众团体，特别是参加中国人民政治协商会议的八大人民团体，即中华全国总工会、中国共产主义共青团、中国科学技术学会、中华全国工商联合会、中华全国妇女联合会、中华全国归国华侨联合会、中华全国台湾同胞联谊会、中华全国青年联合会。社区群团组织在社区治理中发挥着重要的作用，可以通过创新基层组织设置和活动方式，加强社区职工之家、妇女之家、青年中心等阵地建设，采取微信群、QQ 群等形式建立各类群体的微组织，积极参与到社区公共活动、公共事务当中去。

充分发挥社区党组织领导核心作用

在中国共产党取得国家政权之前，近代中国现代化进程，一直存在一个对于后发展国家至关重要的问题，即一直缺少一个具有充分合法性和有效性的国家控制权力，以组织和动员全社会物质资源与战略资源。基层社会的自治发展同样需要一个主导性的、有效的政治力量的支撑，这种力量在中国只能是中国共产党。近年来，随着公民意识的觉醒和基层社会力量的发展，党建工作重心也不断下移，基层社区服务型党组织建设和“两新”组织（新经济组织和新社会组织）中的党建工作不断有理论和实践上的突破。作为社会治理协同主体的社区自治组织的培育也不可能脱离党的领导。区域化党建的最大优势在于对原有职能部门间条块分割局面的突破，尤其是面对“两新”组织和基层社区管理事务，基层党组织能以灵活有效的方式深入到基层社会，整合资源，参与指导。

正确处理三个关系

党的基层组织是党的全部工作和战斗力的基础，是加强和创新社会管理的主要力量。街道社区作为社会的基础单元，是城市社会治理的重要阵地，在加强和创新社会治理中承担着极其繁重的任务，担负着领导、组织、指导、协调辖区社会治理的重要政治责任。特别是在当前新情况新问题不断增多的新形势下，如何发挥社区党组织的领导核心作用，就成为当前和今后基层党建工作的一项重要课题。充分发挥社区党组织领导核心作用，要正确处理三个关系：

首先，正确处理坚持“中心”与保证“核心”的关系。组织一切力量，搞好社区各项事业的建设，满足社区成员和广大居民的不同需求，是社区的中心工作。社区党组织作为领导核心，在保证“帅”位不动摇的前提下，必须坚持社区建设的中心工作不动摇，建立社区党建共同体，即在形成与社区建设相适应的党建工作新体制上下功夫。处理好坚持“中心”与保证“核心”的关系，要做到：一是从职责上定位。按照上级党组织的有关制度和原则，社区党组织应正确确定和严格履行自身的职责任务，理顺与社区其他组织的关系。二是从内容上明确。社区党组织在社区建设中的决策作用应主要体现在处理以下问题的过程中：凡是涉及社区建设与发展带有方向性、全局性、长远性、关键性的问题；对社区产生较大影响的敏感性问题；与社区利益密切相关的问题；代表社区思想建设、道德建设方向的问题。这些问题都是关系到坚持“中心”与保证“核心”的关键性问题。三是从体制上保证。要克服社区党务工作者“纯党务”“单打一”“单向循环”的弊端，应大力倡导和支持社区党务工作者的双向使用、双向交流，统一培训、统一管理，形成“双肩挑”的工作体制，避免管与用的脱节。四是从程序上把关。涉及社区各种组织机构的产生、选举，涉及决策中各个工作环节，社区党组织应规范操作程序，严格把关。

其次，正确处理找准“位置”与选好“角度”的关系。社区党组织与社区其他组织，由于工作性质与服务对象的差异，处于不同的位置，履行各自的职能。在社区工作中，角度由位置所决定，位置由角度来体现。社区党组织在社区建设中处于领导核心地位，其位置是在宏观上对社区各项工作负全责，为此，应树立科学的“位置”观，既不隔岸观火、无所作为，工作不到位，也不妄自尊大、无所不为，导致工作越位。这就需要党组织认真选好工作角度。在目前的社区工作中，社区党组织应选择急、难、险、重、热的问题作为自己工作的切入点和重点。从这样的角度开展工作，才能知社区之所需、急百姓之所急，才能更好地把握工作大局，发挥领导核心作用。

最后，正确处理有效“管理”与优质“服务”的关系。在社区工作中，管理是相对的，服务是绝对的，任何有效的管理必须孕育于优质的服务之中，这是由社区的组织形式和性质所决定的。社区党组织在社区建设中发挥领导核心作用，主要体现在领导社区各个组织进行社区各项事业的建设并实施有效管理上。但从管理的内容和所面向的对象看，社区党组织必须摈弃工作行政职能化的管理模式，要将优质服务作为工作的出发点，强化优质服务意识，在此基础上，实行科学、有效的管理。

社区是党建的基层组织细胞，起着承上启下的桥梁和纽带作用，充分发挥好社区的党建工作的作用具有重要的意义。一是要提高党员素质，开展多层次的党员教育活动，以讲座、远程教育平台学习、讨论会、参观红色教育基地等形式让党员不断地学习有关社区治理的精神，通过开展学习教育活动提升社区党组织整体素质，加强社区党组织建设和社区党员管理，改进社区思想、社区文化建设和党的群众工作，充分发挥社区党组织在社区建设、社区管理和社区党员中的领导核心作用，为社区基层党建工作的开展打下扎实的基础。二是完善社区党员学习制度。认真学习党的方针政策，是推动政策落实的保证。社区党组织应该以书记为负责人，做好宣传工作，并利用学习考勤、检查汇报、学习管理、集中学习等制度落实学习细节，督促党员不断提高自身的理论素养。三是加强社区宣传。社区基层党组织作为设立在基层单位的组织，要认真肩负基层党组织的使命，在社区积极宣传和执行党的路线、方针、政策，宣传和执行党中央、上级组织和本组织的决议，充分发挥党员的先锋模范作用，团结、组织党内外干部和群众，努力完成本单位所担负的任务。要全力推进物质文明、政治文明、精神文明建设，实现、维护和发展好人民群众的权益。基层党建工作要紧紧结合社区建设的实际，增强社区党组织的创造力、凝聚力、战斗力，扩大党在社区工作的覆盖面，提高党的社会影响力，把广大群众团结在党的周围，为构建和谐社区提供坚强的组织保证。

建立区域化党建服务平台

区域化党建的提出，补齐了我国传统的基层党建模式的三块短板：一是工作格局中社会领域的范围的空缺；二是工作目标上，基层党建的功能定位未能和社会统筹协调发展；三是工作方法缺少社会化的活动载体与方式。随着基层社会治理实践的不断创新，区域化党建作为创新性和实践性都很强的系统工程，理应随着实践的发展而不断深化。具体来说区域化党建的推进，要在领导体制、组织网络、工作方式、载体拓展、运作机制等方面进一步优化和完善。

第一，不断完善区域化党建的领导体制。基层党建工作是基层社会治理的基础保障性要素。要有效发挥街道、社区党组织在区域内的领导核心作用；街道、社区党组织要不断增强服务意识，充分调动辖区单位参与社区党建工作的积极性；辖区单位党组织在接受上级主管单位党组织领导的同时，要自觉接受街道、社区党组织的指导与协调。

第二，要构建全民覆盖的区域化党建新网络。在基层党组织的设置形式上要在传统的以地域、单位设置为主的基础上，结合基层社会治理格局探索更加高效、具有柔性结构的基层党组织设置形式，以保证党的组织和党的工作对基层社会治理的全覆盖。

第三，要创新区域化党建的工作方式。区域化党建工作不是传统的封闭式党务工作，需要深入基层社会，整合区域内的群众利益，以协调、服务为宗旨，联络区域内各单位党组织，争取各利益群体的配合，以提高党组织活动的效能。

第四，要加快建立区域化党员服务平台。要进一步规范和完善街道、社区党员服务中心的功能、制度和设施配置。要通过组织开放式党内活动，受理党员咨询服务电话，组建党员志愿帮扶队（组）等多种形式，为老党员、生活困难党员、流动党员和广大群众提供生活救助、就业咨询、权益保障等多方面的服务，构建开放式、综合性、覆盖城乡的党员服务平台。

第五，要建立健全区域化党建的运作机制。区域化党建的运行机制直接决定了其作用发挥的效果。在区域范围内，党建联席会各成员单位应明确一名联络员，建立党建联络员制度，具体负责区域化党建工作的协调、联络，以此加强横向的联系与沟通，减少由于条块职能分割所带来的责任真空区域。同时也要建立共建责任机制，在区域化党建工作中引入目标管理，明确党建联席会各成员单位在区域建设中的有关责任，建立起层层负责、条块结合的责任体系，使各成员单位通过共建紧紧联在一起，激发各方参与共建活动的责任感和积极性。

有效发挥基层政府组织主导作用

党的十八届三中全会明确指出，要处理好政府和市场的关系，使市场在资源配置中起决定性作用，更好地发挥政府作用。实际上，以转变政府职能为核心的行政体制改革，说到底是为了更好地处理政府与市场、政府与社会的关系，使市场在资源配置中起决定性的作用，更好地发挥政府在社会治理中的主导作用。政府职能转变的过程也是一个与时俱进的创新过程。

坚持统筹治理

政府建立协调统筹平台，坚持统筹治理，是国家治理战略体系和政府治理形态有机结合的产物。“统筹”是运筹学中的一个基本概念，其基本含义是通过对整体目标的分析，选择适当的模型来描述整体的各个部分之间、各部分与整体之间及它们与外部之间的关系，制定出相应的评价指标体系，并用其分析事实和得出对全局最有利的决策，以及依次协调各部分的目标和决策的一个长期行动过程。

统筹治理要求政府以问题为导向，并将其作为自身行动的逻辑起点。相对于统筹治理，在局部管理时期，政府对社会公共事务的管理是以部门功能作为管理的逻辑起点，通过对特定领域特定问题的划定来定位职能部门，进而落实管理责任和管理目的的。局部管理的基本假设是所有的社会问题都是能被结构化的良好问题。而事实上，大部分的社会问题都是跨部门、跨领域的，难以有效结构化。对于公众较为关注又事关群众利益的社会问题，要通过全局统筹规划，形成系统性全局性的解决方案。

统筹治理要求政府以协调和整合为主要手段搭建协调统筹平台。统筹治理的核心手段是协调和整合。"协调"是官僚制体系常用的横向联系手段，即通过激励和诱导来使多个组织、部门、单位、专业机构等朝向一个共同管理目标行动；"整合"包括组织资源整合和政策设计整合，横跨组织间的界限，以应对非结构化的重大问题。

政府对社区资源的整合

随着我国社会经济、政治体制改革的深入，社区治理的主体开始由政府单一主体向多元主体发展，社区自治组织、社区非政府组织以及社区居民成为参与社区事务治理的主要力量。政府在城市社区建设中发挥主导作用，不是要全盘控制社区发展的各个方面，而是在把握社区发展总体方向的前提下，实现体制机制的顺畅、结构功能的调和。政府通过社区建设，发挥自身的组织与资源优势，在社区居民的广泛参与下，共同推进社区的建设与发展，从而达到有效治理社区的目的。政府在新形势下进行基层政权建设的需要与社区和社会发展的需要在此找到了契合点，社区制逐渐取代单位制成为基层社会发展的方向，整合社区内资源、提供社区服务、维护社区稳定与发展成为社区体制创新的基本目标。一是双向发展，实现社区治理的主体多元。要坚持政府行政功能与社会自治功能互补、政府管理力量与社会参与力量互动的治理模式，推进政府与各类组织的分工协作、良性互动，实现公共利益的最大化，切实做到社会协同、公众参与、共同发展。二是契约治理，引领社区治理结构整合。所谓契约治理就是要明确社区治理主体的身份，合理划分权力和权利的界限，建立一种政府、市场、社区组织平等协商、互助合作的治理结构。三是功能化治理，实现政府管制与居民自治平衡。功能分化主要体现在各种服务功能的分类提供上。当社区某种功能弱化的时候，政府职能的及时跟进是必要的，当社区能够实现某种功能的时候，政府功能要及时退却，这样既可以防止政府失灵又可以防止社区失灵。四是培育社会资本，满足社区居民团体的情感需求。要采取多种方式培育社区社会资本，强化社区居民认同，打造社区"熟人社会"，并以此作为实现多元共治的理念先导和精神统领，为存在不同利益甚至利益矛盾的各种主体实现集体行动、平等合作提供条件。

注重发挥基层群众性自治组织基础作用

居民委员会

居民委员会是居民自我管理、自我教育、自我服务的基层群众性自治组织。2018 年修订的《中华人民共和国城市居民委员会组织法》(简称《城市居民委员会组织法》)，对居委会的性质、成立方式等进行了明确说明。居委会由主任、副主任及委员共 5～9 人组成，每届任期为 5 年。年满 18 周岁的本居住地区居民，不分民族、种族、性别、职业、家庭出身、宗教信仰、教育程度、财产状况、居住期限，都有选举权和被选举权；但是，依照法律被剥夺政治权利的人除外。不设区的市、市辖区的人民政府或者它的派出机关对居民委员会的工作给予指导、支持和帮助。居民委员会协助不设区的市、市辖区的人民政府或者它的派出机关开展工作。居委会一方面协助政府进行法律、法规和国家大政方针的宣传，是国家政策法规下达和居民意见建议上传的枢纽，在政府的指导下开展与居民利益有关的各项工作；另一方面居委会化解社区内居民之间的矛盾以维护社区稳定，解决居民关心的实际问题。

从中国国情的实际出发，中国的城市居民委员会，应是具有双重身份的半行政、半自治的特殊社会组织，有别于其他自治团体的社会组织。全面而准确并从理论与实际相结合的角度来界定和认识居委会的性质，是关系深化改革的方向性的重要问题。

社区居委会作为社区治理的主体，是我国社区治理活动中提供服务和进行管理的主要实施者。例如，2015 年出台的《天津市人民政府办公厅关于依法厘清社区居民委员会职责提升为民服务效能的意见》对社区居委会的职能做出更加明确的规定，主要包括：宣传宪法、法律、法规和国家的政策；维护社区居民合法权益，办理本社区居民的公共事务和公益事业；组织居民自治，实行自我管理、自我教育、自我服务；实行财务公开、居务公开；开展便民利民的社区服务活动；依法依规指导和监督社区内社会组织、业主委员会、业主大会、物业服务企业开展工作；教育引导居民参与配合社区物业管理，履行应尽义务，爱护公共财产；组织召集社区物业管理工作联席会议，调解社区物业管理纠纷；组织动员社区居民开展多种形式的社会主义精神文明建设活动；组织开展社区科普活动；加强社区文化建设，开展社区文化活动；搭建志愿服务平台，组织开展社区志愿服务活动；组织居民开展全民健身活动；依法开展国防教育活动；依法做好预防未成年人犯罪工作；依法做好残疾人工作；动员和组织社区居民参与社会治安综合治理，做好治安防范、矛盾纠纷排查调处、基层安全创建等工作；确定消防安全管理人员，组织制定防火安全公约，进行防火安全检查，开展群众性消防自救工作；设立爱国卫生组织，负责本社区爱国卫生工作；等等。

业主委员会

业主委员会，是由业主组织的业主大会依法选举投票产生、代表业主利益的组织，是业主行使共同管理权的一种特殊形式，简称“业委会”。业委会的人数通常是 5～11 人，且必须为单数。业委会选举产生之后，被赋予相应的职责，贯彻业主大会公布的小区具体事项，并受到小区全体业主的监督。业主大会由小区全体业主组成，能够集中反映小区业主的利益诉求，而此时，小区经过业主大会依法选举产生了业委会，业委会就将代表业主大会的意愿，将业主大会想要落实的决策实践化。对于业主而言，业主大会和业委会所做出的决议将具有法律约束力。

业主委员会代表全体业主对社区事务进行自我管理、自我教育、自我服务、自我监督。业主委员会是具有共同利益和目标的业主相互联合起来的自治组织，据此我们把业主委员会的性质界定为城市居民自治组织。其中，自治组织是指："该组织的成员为了建立组织的秩序并且维持它，自己决定组织的规则和规定，在此基础上，决定组织首领及其工作职责。"由于业主委员会在我国还处于发展的初级阶段，其自治组织的性质和作用并不突出，所以，要进一步加强和完善业主委员会的自治作用。

业主委员会的自治组织性质决定其功能的发挥。业主委员会主要有以下几方面的功能：一是业主自治功能。所谓业主自治，是指"业主按照业主之间约定的自治规则，通过民主选举、民主决策、自我约束、自我管理、自我服务等方式，对物业共有部分管理和共有产权维护等与业主密切相关的社区公共事务进行自主治理，维护社区业主利益。"可见，业主委员会是由业主选举产生、实现业主自我管理、发挥业主自治作用的组织。二是合作共治功能。业主委员会通过与物业公司签订合同的形式，明确双方的权利与义务，以合作的方式共同管理小区范围内的事务。此外，业主委员会应积极配合居委会，居委会负有指导和监督业委会的职责，二者的互动、合作，实现两个自治组织对小区公共事务合作共治的功能。三是权利维护功能。在物业管理活动中，业主扮演着双重角色：一方面是物业管理的所有者，另一方面是物业管理的消费者。因此，业主有资格要求物业公司提供高质量的服务并监督物业公司的行为。但在实际生活中，由于单个业主难以与物业公司抗衡，所以，业主不但无法监督物业公司的行为，而且其合法权益经常受到物业公司的侵犯。在这种形势下，业主委员会代表业主对物业管理活动行使参与权和监督权，切实维护广大业主的利益。

街道办事处与居民委员会的关系

街道办事处和居委会是指导和被指导的关系。《中华人民共和国城市居民委员会组织法》第二条规定："不设区的市、市辖区的人民政府或者它的派出机关对居民委员会的工作给予指导、支持和帮助。居民委员会协助不设区的市、市辖区的人民政府或者它的派出机关开展工作。"由此可见，城市基层政权及其派出机关（街道办事处）对居委会要进行指导、支持和帮助，它们之间不是领导与被领导的关系，也不是上级与下级的关系。所谓指导，就是在工作上给予指点和引导，提出原则性意见，把握其方向；所谓支持和帮助，就是给予政策、思想、舆论与人员等方面的支持和帮助。

首先，指导、支持和帮助居委会搞好组织建设。街道办事处要按照《中华人民共和国城市居民委员会组织法》的规定，指导和帮助居委会搞好换届选举工作，选配好居委会班子；指导和帮助居委会建立健全下设的人民调解、治安保卫、公共卫生等工作委员会，使这些委员会真正发挥应有的作用；指导和帮助居委会按照居住地就近划分的原则分设若干居民小组，并由居民小组选举出小组长。

其次，指导、支持和帮助居委会搞好思想建设。街道办事处应采取多种办法和形式，加强对居委会专职人员及各居委会成员的培训，不断提高他们的政治素质、业务素质和管理水平。应针对居委会的专职人员制订出培训计划，明确培训目的，采用讲座、座谈会等培训形式，有条件的组织外出参观交流学习。

最后，指导、支持和帮助居委会搞好制度建设。街道办事处要指导居委会建立健全工作责任制和工作制度，在推动工作时，采取主任包片、委员包块的分工负责制。街道办事处要指导居委会制定考勤制度、例会制度和学习制度，指导居委会制定居民公约和向居民会议报告工作的制度。

二、公民参与

什么是公民参与

在西方社会,公民参与公共政策的制定有着悠久的历史,对于国家政府治理方面发挥的作用已经受到认可。公民参与理论的先驱谢尔·阿斯汀认为"公民参与是一种公民权力的运用,是一种权力的再分配,使目前在政治、经济等活动中无法掌握权力的公众,其意见在未来能有机会被列入考量"。在西方治理理论看来,如果公民可以积极地参与到他们的民主体制中去,那么治理的过程就会更为民主和更为有效。对于公民参与的内涵不同学者提出了不同的见解,简单来说公民参与就是公民通过一定的参与机制和渠道,参与或影响政府公共政策或公共事务的决策。社区治理因其组织的基层性,事务的烦琐性以及处理问题的日常性,使得社区公民的参与应该更为广泛和普遍。

公民参与是衡量民主政治的重要指标。公民参与的形式折射出政治文明进程及政治体系对公民的开放程度,同时也反映了公民的政治参与热情和态度。《中华人民共和国宪法》规定:"中华人民共和国的一切权力属于人民。""人民依照法律规定,通过各种途径和形式,管理国家事务,管理经济和文化事业,管理社会事务。"在法理上,公民参与具有广泛性,但是在实际的社会管理中,公民参与往往因为主观或客观上的种种原因而发挥的效用不尽相同。在现阶段的社区治理中,公民参与因参与积极性不同而分为自发式参与、被动性参与和合作式参与三种。自发式参与通常分为两种情况,一种是有相关的利益诉求;另一种则是社区自治水平高,公民政治参与意识较强。我国现阶段大多数社区的公民参与仍然停留在被动性的参与,往往认为参与了一项投票,参加了某项活动便是参与社区治理了。合作式参与正是治理理论指导下的社区治理所追求的，公民作为治理主体与社区居委会平等对话，协商共治。不难看出，三种参与形式，自发式公民参与是社区治理最为倡导的，也是最有利于公众参与社区治理、最能体现社区治理水平的。

如何参与社区决策和管理

社区居民代表会议作为社区的决策机构，必须保证社区居民参与社区公共事务的可行性。不同的社区要依据本社区的实际情况制定一套详细的、操作性强的参与程序，使居民一看就明白，什么时候议事、居民该怎么办、居委会要怎样做、其他社区成员该怎么做、怎样提出建议或意见等都要有详细规定。具体要做到依法按期完成社区居委会换届选举；依法推选居民代表，居民代表联系户覆盖率85%以上；民主推选居务监督小组和理财小组成员；民主决策事项符合法律、法规和政策规定，无群体上访；居民对社区自治满意率85%以上。

不要出现社区治理中居民代表招之即来，挥之即去的困境。此外，针对不同的参与主体的权利与义务，应建立相应制度加以区分和细化。应明确划分不同参与主体的权利与义务边界，哪些事务要参与、哪些事务不能参与都要有明确规定。如社区居民的权利与义务要比驻社区单位的参与权利和义务大等，避免社区居民与社区各自组织及社内单位等不同参与主体之间因参与权利不一致而引发矛盾。制定参与程序时，要充分考虑不同参与主体的实际情况。社区单位代表的参与时间不应放在晚上或周末等。要充分发挥社区协商对话、信访、举报、民意测验等监督渠道和手段的作用，为广大居民自觉主动地参与社区事务创设具体细化的制度环境。

此外，网络目前已经成为公民参与的重要工具，因此擅于运用网络调动公民参与积极性、拓宽公民参与渠道将发挥巨大作用。传统刚性的社会管理结构中，职业群体对社区的依赖程度较低，这部分人群在社区公共事务中的参与意愿是很低的。而非职业群体，如离退休群体对社区的依赖程度较高，所以对社区事务的参与度较高。这是与西方社区治理的一个较大不同。在西方，职业群体通过自身在社会中的角色与作用积极参与社区决策与协商，由此推动自身权益与诉求的实现。在信息化社会中，职业群体正是当前社交平台软件的使用主体，以社交软件为主要载体的“互联社区”迎合了职业群体的行为方式，从而保证了职业群体的较高参与率。

社区居民如何参与社区中的选举

社区居民参与居民委员会的选举是社区治理的重要内容，也是公民参与社区基层民主建设的重要机制。居民委员会选举作为城市居民直接管理社区事务的民主形式，是加强基层民主建设的重要起点。各地的社区选举办法不尽相同，但大体都包括了建立选举组织机构、推选社区选举委员会、推选社区居民代表会议代表、选民登记、推选社区居委会成员候选人、召开正式选举大会、进行投票选举、推选居民小组长、建立下属组织等基本程序。

其中，选举委员会的工作在整个选举过程中作用重大，选民登记则是选举工作中比较困难的环节。这些选举程序符合现代民主建设的要求，社区居民也在遵守民主选举程序中逐渐形成了理性参与的习惯。济南市甸柳一社区居委会的直接选举，历时一个月，经历了准备工作、宣传动员、选民登记、提名推荐初步候选人、确定正式候选人、投票选举、总结完善等六个阶段。选举中的各个环节都注意调动各方面力量，并进行了充分的准备与动员工作，积极发挥社区精英人物的作用，如请原居委会主任担任选举委员会的主持人等。选举活动中还邀请了第三方的介入，以体现民主选举的公正、公开性。

如何做好社区志愿服务工作

志愿服务不仅有助于解决当前社区治理中存在的诸多问题，增进居民参与社会事务的自主意识，消解社会矛盾，培育和践行社会主义核心价值观，而且在加强新形势下群众性精神文明建设，尤其对社区治理的多主体、多中心、网络状合作治理结构的形成，以及在社区公共事务处理与公共空间的构建方面，也发挥着重要作用。

社区志愿服务的发展

当代中国的志愿者服务和志愿者组织最初发起于民间，但其发展壮大则得益于行政或准行政力量的指导和推动。为了支持和推动志愿服务发展，我国政府采用了正式化、规模化、自上而下的推动模式。行政力量的介入使得我国的志愿服务在短时期、大型活动、重要事件中发挥了重要的作用，展示我国志愿者的良好精神风貌。然而，行政推动在起步阶段有助于推动志愿服务的启动和造势，但却不利于志愿服务的长远发展与制度规范。

社区志愿服务的必要性

首先，社区志愿服务是构建社会主义和谐社会的重要内容。近年来，党中央和国务院根据国家发展的实际情况和发展需要提出了科学发展观和构建社会主义和谐社会的重要任务和目标。“和谐”一词有两个方面的内涵，一个方面是宏观的，是站在整个国家发展的高度上，经济发展与社会发展相和谐，社会发展的各个部分和方面相协调；另一个是微观层面的，主要指人与人、人与群体、群体与群体之间的和谐。志愿服务在社会主义和谐社会的构建中发挥着至关重要的作用，和谐社会构建的理念和志愿精神在本质上是一致的。和谐社会理念强调的是民主法治、公平正义、诚信友爱、充满活力、安定有序、人与自然和谐相处；志愿服务的精神是“奉献、友爱、互助、进步”，与构建和谐社会有着共同的价值取向。在日趋多元化的社会中人们的日常生活需求也变得多样化，志愿服务不仅有助于保障民众的基本生活需求，同时促进社会在基本稳定的基础上朝着文明方向继续发展。

其次，社区志愿服务是合理整合社会资源的需要。重新整合资源是为了提高资源的利用率，减少资源浪费，将社会闲散资源集中起来得到充分使用。在社区环境中，资源以各种形式存在，例如资金、物资、人力、技术等要素，但是它们大多数是以分散的形式存在的，缺乏有效的平台和渠道将这些资源集中起来形成合力加以利用，无法实现其自身价值。在社区中，愿意奉献自己的部分时间和精力去参与公益事业的居民还是很多的，他们愿意去保护社区环境、关爱社区空巢老人，但是如果没有合适的服务平台为他们提供机会而导致很多人有参与志愿服务的想法却没有付诸行动，就会浪费许多分散的社区资源。如果建立了社区志愿者组织并开展志愿服务活动，一方面有利于号召社区居民参与志愿服务，另一方面可以集中分散的社区资源，开展志愿服务活动，维护社区利益，惠及每个社区居民。社区志愿服务的重要特征之一就是志愿性，即志愿者提供志愿服务是不计报酬的，物质利益不是他们志愿服务的原因，他们所追求的是希望能够在精神层面上通过帮助别人实现自己的社会价值。他们无偿地为城市社区提供服务和帮助，降低了城市社区治理的经济成本，重新整合了社会主义建设时期的社会资源，成为我国社会主义建设中一股不可缺少、引人关注的新力量，促进了社会资源的重新分配，大大减少了政府对城市社区建设的人力资源投入，实现了人力资源的优化配置。

最后，社区志愿服务有助于解决社区实际运行中存在的问题。社会主义和谐社会的构建要求我们在社区治理中不仅要解决居民日常生活中的衣食住行问题，更要加强人文关怀，让人们真心感受到社会的温暖，促进整个社会在经济、政治、文化、社会等各个方面都和谐发展。这些年我国经济飞速发展，改善了人们的生活条件，但是政府对社会的服务属于宏观层面，为社区提供的是基础设施等硬件设施，而社区发展与人们的日常生活密切相关，不仅要解决人们的食宿出行问题，更应该关注现在社会普遍存在的留守儿童、空巢老人等特殊人群的心理健康问题，体现人文关怀，让物质文明和精神文明和谐并进。社区志愿服务的内容随着人们日常生活的丰富也越来越多样，在构建和谐社会这个大环境中，构建和谐社区小社会，可以让社区的人情味更浓，人和人之间的关系更近。志愿者服务社区居民及其生活，解决实际困难，既是为经济建设服务，也是为社会发展服务。

如何做好社区志愿服务工作

首先，营造志愿服务文化。志愿服务文化培育是志愿服务工作的生命线，当前的社区志愿服务要想突破"运动式""短期化"的发展瓶颈，真正实现长期可持续发展，必须在全社会大力培育志愿服务文化，让志愿服务成为所有公民的自觉追求。用身份标志去推动志愿服务文化，增强志愿者的身份认同是普及志愿服务文化的重要途径。要专门设计具有本地特色的志愿服务徽章、标识、服饰、帽子和服务证书等，让志愿者每次活动都佩戴志愿服务相应的标志，可以增强志愿者服务他人的社会认同感、责任感，争取更多的社会支持。

其次，培育志愿服务动员主体。当前，社会组织作为志愿服务动员主体发展还不充分，要加快制定配套法规政策，不断夯实志愿服务法治保障。要积极推进志愿服务地方性法规的立法或修订工作，根据中央的政策法规规定，加快制定实施细则，不断完善志愿服务政策和标准体系，为志愿服务组织提供政策依据。将志愿者服务纳入经济、政治、文化、社会、生态等政策制定考量范围，制定优化志愿服务发展的相关政策，将相关政策的规定落到实处。

再次，要加大财政支持力度，建立多渠道的资金筹措机制。要帮助社会组织提升组织的战略谋划、项目运作和宣传推广能力，通过优秀的服务项目和服务品牌吸引资助者。要逐步提高财政投入力度，扩大对社会组织发展的支持规模和范围；积极推进政府购买服务，建议逐步建立优秀志愿者人才库、优秀志愿服务组织库和优秀学雷锋志愿服务项目库。各级、各部门、各行业系统将评选的优秀志愿者、优秀志愿服务项目、优秀志愿服务组织等统一登记入库，为政府及有关部门采购志愿服务项目等提供可靠依据。支持志愿服务组织立足自身优势，承接相关服务项目。要加快社会组织孵化中心建设,高效配置资源,加强督导,差异化培育和发展社会组织。要把社会组织作为社会动员的重要载体,加强社会组织之间的沟通交流,成立志愿服务联盟,定期组织志愿服务沙龙活动等。

最后,完善志愿服务激励机制。虽然志愿服务工作具有公益性、非营利性的特征,但志愿服务工作是有成本的,从事志愿服务工作需要志愿者倾注大量的热情和精力,不能让志愿者在自我奉献的基础上又要承担相关的服务成本。因此,对志愿者给予应有的回馈和保障,免除其后顾之忧,这是对志愿者权益最基本的保护与尊重。研究证明,有效的激励机制与志愿服务成效成正比,对志愿者给予正面肯定与相应回报,有助于激发志愿者参加活动的热情与积极性,有助于提高志愿者专业技能和志愿服务工作效能,可以带动更多居民参与志愿服务,有利于充实志愿者队伍,优化志愿者结构。要改变过去重精神激励、轻物质激励的做法,既注重物质激励又注重精神激励。要完善志愿服务注册登记制度,按照谁审核谁负责的原则,用好志愿奖励平台,确保志愿者参与志愿服务的内容、时间、地点以及服务对象等记录准确,形成志愿者档案,按照志愿服务时长,给予相应的礼遇。探索建立志愿者分级认证制度,根据服务成效、服务时长等进行绩效评价,建立服务时长兑换办法、优秀志愿者评选制度、定期表彰宣传制度等一系列激励机制,鼓励社会公众参与志愿服务。要成立地方志愿者之家,开发志愿者社交网站,定期组织志愿服务沙龙活动等,为志愿组织、志愿者提供交流、学习的平台,提高志愿者的归属感。

社区居民如何进行网络政治参与

培育社区居民的网络公民意识,提高网络政治参与的积极性

公民意识的强弱也是一个国家或地区民主程度高低的一种体现。伴随我国民主制度的日臻完善,我国公民的公民意识也逐渐觉醒,民众通过各种丰富的渠道来参与国家各项政治生活,以此来维护并且行使自己的权利。

特别是网络普及之后，很多民众开始借助于网络这一渠道来参与到社会治理、政府决策之中。因此，要紧紧抓住这一契机，通过民众参与网络政治行为来逐渐培养他们的网络公民意识，使其能够承担作为公民应该承担的义务以及责任。可以采取下列几种措施：其一，通过不同的渠道，加强对民众在政治理念方面的宣传以及教育，使得整个社区居民无论是政治觉悟还是积极性方面都能够有一个大的提升；其二，引导社区居民通过政府网站以及相关的论坛、微博等实现政策参与、公共监督等相应政治行为，逐渐培养公民的网络政治参与的习惯；其三，通过网络让公民感受到公民应有的权利以及责任意识，继而使其能够维护自己的合法权益，提高他们网络政治参与的热情。

普及市民网络知识和操作技能，提高网络参政能力

伴随着网络应用范围的不断扩大以及电子政务的不断推进，对于社区居民而言，除了要不断提高他们的公民意识，同时还应该促进他们计算机网络技术的学习，使其能够比较熟练地掌握网络政治参与的技术方法以及相应的操作流程，不断提高个体网络政治参与的能力。要加强对老年人网络操作技能的培训，可以通过社区以及老年活动中心等场所开展计算机网络知识的培训，鼓励他们利用网络平台参政议政；对于青少年群体，在加大学校计算机基础设施建设投入的同时还需要引导他们正确认识网络，培养他们从小关注时政的好习惯。

提高市民的网络道德规范意识

道德规范在维护社会稳定方面所发挥的作用是非常巨大的。随着时代的发展以及网络技术的日臻完善，我国网民的数量呈现出一种爆发式的增长态势，网络的应用范围也在不断扩大。由于网民的素质参差不齐，因此会出现部分公民在网上宣泄个人不满情绪，甚至发动网络攻击行为等现象。在网络空间内，目前还缺乏比较完备的法律约束体系，无法对这些行为进行约束，对于人们的正常生活会产生一定的影响。由于网络自身所具有的特

点,要想实现政府对所有网民的行为以及整个网络空间都进行有效监控是不可能的,因此加强市民网络道德规范意识需要从以下几个方面着手:首先要进一步完善相关网络法律法规,营造良好的网络环境,减少网络失范行为的发生;其次要加强对城市居民网络道德观念的培养,使其知晓网络行为中的“对”与“错”,提升网络舆论辨别能力,让广大民众能够自己约束自己的行为;再次,通过创办积极向上的网络社区,引导市民正确表达利益诉求,规范参与政治活动;最后,教育部门应该注重青少年学生的网络道德和安全意识教育,培养其积极向上的人生观、价值观,开设网络道德教育课程,通过生动有趣的案例教学模式,让青少年群体自觉抵制不良的网络行为,从内心形成网络道德规范意识。

第五章 法治社区

一、公共法律服务平台体系

完善公共法律服务平台体系是推进公共法律服务体系建设的一项基础性工作。公共法律服务平台是集成司法行政各类法律服务项目、提供多种公共法律服务产品的有效载体，是司法行政机关直接面向人民群众提供服务的窗口。

实体平台

县（市、区）公共法律服务中心

公共法律服务中心作为集多项司法行政职能为一体的“窗口化”服务平台，突出综合性、专业性法律服务功能，同时发挥了县域服务综合枢纽和指挥协调平台的作用。

其功能职责具体包括：

· 接待现场来访，解答法律咨询；

· 受理、审批法律援助申请，指派法律援助人员承办法律援助案件；

· 解答人民调解业务咨询，受理、指派、分流和协调处理人民调解案件，做好矛盾纠纷化解工作；

· 提供专业调解服务，结合实际提供公证、司法鉴定等法律服务，导引律师诉讼代理等法律服务业务；

· 开展法治宣传教育和各种形式的法治文化活动；

· 接待、解答司法行政其他相关业务咨询，导引相关服务；

· 根据法律法规规定，负责与行政审批相关的服务事项；

· 做好辖区公共法律服务平台建设指导、考核工作；

· 接收对司法行政工作和法律服务的投诉、意见建议；

· 完成上级司法行政机关和当地党委、政府交办的其他法律服务工作。

乡（镇、街道）公共法律服务工作站

作为服务群众的一线综合性法律服务平台，在县（市、区）公共法律服务中心的指挥协调和乡镇（街道）司法所的指导下，乡（镇、街道）公共法律服务工作站主要承担化解矛盾纠纷、法治宣传、提供法律服务咨询等职能。

其功能职责具体包括：

· 接待群众来访和法律咨询服务；

· 引导法律援助、律师、公证、基层法律服务、司法鉴定等法律业务，负责法律援助申请初审；

· 组织开展人民调解工作、法治宣传教育，引导告知刑满释放人员安置帮教政策、救助帮扶途径等；

· 积极为辖区政府机关、企事业单位、社会组织等提供法律顾问咨询；

· 参与指导、考核村（居）公共法律服务工作室工作和村（居）法律顾问工作；

· 完成上级司法行政机关和当地党委、政府交办的其他法律服务工作。

公共法律服务工作室

作为服务基层农村、社区的法律服务平台，公共法律服务工作室的主要工作职责具体包括：

· 为村民、居民及时解答日常生产生活中遇到的法律问题，提供专业法律意见；

· 接受村民、居民委托，代为起草、修改有关法律文书和参与诉讼活动；

· 定期举办法治讲座，发放法治宣传资料，宣传与日常生产生活相关的法律知识；

· 参与村（居）人民调解委员会主持的纠纷调处工作；

· 协助起草、审核、修订村规民约和其他管理规定，为村民土地征用补偿安置、基础设施建设、城市建设拆迁、环境治理保护等村（居）治理重大决策提供法律意见等。

热线平台

“12348”公共法律服务热线以省（区、市）为单位，统一规划、统一标准、统一服务，在地（市）和有条件的县（市、区）设立接听座席。

“12348”公共法律服务热线平台具有法律咨询、法律服务、纠纷调解、法治宣传、法律援助、服务投诉等综合性服务功能，建立一体化呼叫中心系统，省域内可呼叫接入“12348”，统一前台受理，并与公共法律服务网络平台互联互通。实现“12348”公共法律服务热线与“12345”政府公共服务等政务热线、窗口服务和紧急类求助平台等之间的协作制度，建立相应衔接联动机制。制定“12348”公共法律服务热线服务标准和数据标准，逐步实现全国统一标准类型，促进“12348”法律服务热线数据信息共享。

“12348”热线平台功能分为对外服务功能和后台管理功能。其中，对外服务面向公众和法律服务从业人员，其主要功能包括：在线咨询解答、在线服务办理、信访及投诉等。后台管理面向工作人员，其主要功能包括：任务指派、监督、回访、统计分析等。

“12348”公共法律服务热线平台建设由各省（区、市）司法厅（局）负责，对服务内容和服务流程统一规范，加强热线接听人员管理和质量监管。在热线平台建设中突出“互联网＋12348”的导向，加强热线平台与网络平台的业务融合、数据整合，实现热线平台与网络平台协调联动。

网络平台

平台名称

部级公共法律服务网门户网站、移动客户端名称为“12348 中国法网”，微信公众号名称为“掌上 12348”；省级公共法律服务网门户网站、移动客户端的名称为“12348××（省、区、市名称）法网”，微信公众号名称为“××（省、区、市名称）掌上 12348”。

层级体系

网络平台总体架构为“一张网络，两级平台”，由一张网络覆盖全地域、全业务，纵向由部、省两级平台组成，平台之间通过数据共享交换系统实现联通，横向由门户网站、“掌上 12348”微信公众号、移动客户端组成。

构成方式

通过互联网门户网站，形成以部级公共法律服务网为中枢，以各省（区、市）级公共法律服务网为支撑的公共法律服务网站集群，为社会公众通过计算机、智能手机、平板电脑等多种终端提供法律服务。通过一村（居）一法律顾问微信平台，推进公共法律服务网络平台向基层延伸，借助微信平台用户基数庞大的优势，为广大群众提供法律咨询、法治宣传、法律服务机构查询和导航等在线服务，让群众能够随时随地享受公共法律服务。

主要功能

网络平台功能包括服务功能和监管功能。其中，服务功能面向社会公众，主要包括：法律事务咨询、法律服务指引、法治宣传教育、法律法规与案例查询、信用信息公开等。监管功能是面向各级司法行政机关，采用社会化运行机制对法律服务机构实施监管，作为对行政管理手段的延伸补充，同时为司法行政机关政务管理提供数据支撑、决策依据。

建设模式

网络平台建设采取统分结合的方式。“12348 中国法网”及移动客户端、

“掌上 12348”微信公众号由司法部负责建设；省级公共法律服务网及微信公众号、移动客户端由各省（区、市）建设；地市级公共法律服务网的建设由各省（区、市）根据本地情况自行决定。“12348 中国法网”和“掌上 12348”将汇聚全国各地的公共法律服务网和微信公众号，形成网站集群和微信矩阵。具体标准按照《“互联网＋政务服务”技术体系建设指南》《全国公共法律服务平台建设技术规范》《12348 中国法网（中国公共法律服务网）建设指南》执行。各省（区、市）司法厅（局）要建设省级公共法律服务数据中心，根据用户服务体验不同入口，将实体平台、热线平台、网络平台贯通，通过网上录入、数据整合等实现功能互通、信息共享、高效联动，形成“一站式”的公共法律服务体系。

二、社区法律服务形式

社区法律咨询

社区法律咨询是指从事法律服务的人员根据居民的诉求不定期地前往社区就有关法律事务问题做出解释、说明，提出建议和解决方案，以实现法律服务在社区的全覆盖，提高基层群众的法律意识，化解基层矛盾纠纷，维护居民合法权益，内容涉及经济合同纠纷、家庭婚姻纠纷、医疗纠纷等方面。

社区法律援助

社区法律援助是依靠当地的党群、街道、司法行政机构、志愿者组织等官方和非官方机构组织，由律师、基层法律工作者、义工等人员提供的无偿的法律服务，面向的是社区全体居民。社区法律援助的形式有：法律咨询、代拟法律文书；刑事辩护、代理和刑事附带民事诉诉讼代理；民事、行政诉讼代理；非诉讼法律事务代理；公证证明；其他形式的法律服务。

社区普法服务

社区普法服务指为社区居民普及法律常识，旨在加强社区居民的法律知识和法律道德意识。开展社区普法服务要在社区居民中深入开展以“学法律、讲权利、讲义务、讲责任”为主要内容的公民法制宣传教育，强化权利义务相一致的观念，促进公民依法行使权利、履行义务，形成遵守法律、崇尚法律、依法办事的社会风尚。要着力加强公民依法维权、依法律己、依法信访教育，培养公民自觉守法、依法表达利益诉求、维护自身权益的行为习惯，促进各种矛盾纠纷的依法妥善解决。要加强基层民主自治观念的宣传教育，增强公民依法参与管理社会事务的意识和能力。加强法律权威和司法公正教育，促进社会公平正义。

社区矫正工作

社区矫正是指将符合社区矫正的罪犯置于社区内，由专门国家机关在相关社会团体和民间组织以及社会志愿者协助下，在判决、裁定或决定确定的期限内，矫正其犯罪心理和行为恶习，并促使其顺利回归社会的非监禁刑罚执行活动。社区矫正工作者要做的首先不是简单地管理，而是对矫正对象提供特别帮助和服务，包括帮助他们寻找工作或办理最低生活保障，帮助他们在获得工作后努力保持，帮助他们妥善处理个人与家庭、邻里的关系，帮助他们树立生活信心，正确认识社会，正确面对自己，正确认识社会现实与主观能力之间的矛盾。

三、社区纠纷的主要类型

邻里民事纠纷

邻里纠纷处理不当容易激化，酿成恶性事件，影响公民的生产、生活，且易形成积怨，影响社会稳定。容易引发邻里纠纷的事件有：噪音扰民、乱扔垃圾(包括高空掷物)、车辆纠纷(包括小区停车、碰撞等)、相邻设施纠纷(包括空调滴水、楼层渗水等)、宠物扰民、邻里乱搭盖，等等。如不动产所有权人或使用权人堵塞一方所有的或使用的建筑物范围内历史形成的必经通道，致使他人无法正常通行；家居装修时的噪音，饲养宠物过程中的鸡鸣狗叫，夜半唱歌或弹琴，都会引发噪音侵权纠纷；空调安装位置不当，导致热气喷入邻居家中或是空调外机的滴水淌入他人屋内，也都会因影响他人正常的生活起居和休息权利而产生相邻权纠纷。

社区管理纠纷

社区管理纠纷主要有以下几类。

管理体制上的纠纷

当前，我国社区建设实行以民政部门为主的区、街、居三级管理体系，政府机关往往把社区居委会当成是政府的延伸。在实践中，居委会“准行政组织”的地位及其运作机制，有时难以适应居民自治意识增强、希望扩大基层民主的需要，难以发挥社区群众自治组织的作用。为此，一些地方将原来的居委会改作社工办，以承担政府的社会管理职能，另外再由居民民主选举居委会。这样，在管理体制上，一些社区形成了“四驾马车”共管的局面，即社工办、居委会、业委会、物业公司共同对社区进行管理，但是它们职能交叉，分工不明确，有时也会引起纠纷。

流动人口管理纠纷

新的住宅小区不断建立，形成各种新型社区关系，以往的街道社区模式已不适应这种新发展了。人们的流动性增大，对单位的依附性越来越小。这些流动人口对于社区管理往往不愿服从，由此也时而发生纠纷。

物业管理纠纷

物业管理纠纷，是指在物业使用、维修、管理中物业管理主体之间所发生的争执，是一种极为普遍的民事纠纷。我国应对物业管理纠纷做出明确界定，它是指在物业管理合同签订和履行中产生的冲突和矛盾。但事实上很多业主对此缺乏清晰认识，他们常常把有关物业的纠纷都自认为是物业管理纠纷。这必然扩大了物业管理纠纷的范围。物业公司面临着许多难以解决的问题，最大的难题是与开发商有关的遗留的问题。小区开发建设中存在的问题常常在售房后和维护中才被业主发现。销售利润已被开发商拿走，留下的问题、责任却由物业公司、业主两个不该承担的主体来承担。在这种情况下，物业公司并没有去解决和承担这些问题的能力和责任，所以就必然会发生物业与业主之间的矛盾纠纷。

拆迁纠纷

随着城市化的推进，在旧城改造和商品房的开发建设过程中，房屋拆迁案件成为房地产纠纷案件中数量最多、当事人矛盾最容易激化的案件。如拆迁补偿或安置协议签订后，一方不按协议履行义务或对协议反悔，另一方起诉到人民法院要求对方履行义务；承租人起诉要求出租人（被拆迁人）赔偿因房屋拆迁造成的停业和装修损失。实践中出租人的营业房被拆迁，造成承租人对房屋的装修被拆除，经营受到影响，但是拆迁人一般都不会对承租人的损失进行补偿，往往会发生纠纷，甚至起诉到法院。

根据国务院《国有土地上房屋征收与补偿条例》第二十五条的规定：“房屋征收部门与被征收人依照本条例的规定，就补偿方式、补偿金额和支付期限、用于产权调换房屋的地点和面积、搬迁费、临时安置费或者周转用房、停产停业损失、搬迁期限、过渡方式和过渡期限等事项，订立补偿协议。补偿协议订立后，一方当事人不履行补偿协议约定的义务的，另一方当事人可以依法提起诉讼。”

四、社区矛盾的解决途径

自助性纠纷解决机制

人民调解是一种民间调解制度。人民调解能及时排解矛盾纠纷，减少和消除矛盾纠纷的诱因，调解人际关系。人民调解主要是调解公民之间有关人身、财产权益和其他日常生活中发生的纠纷。在调解过程中要遵循依法原则、自愿原则、不限制诉讼原则。有条件的社区街道的各个居委会、业主委员应按照各自的特点建立调解网络体系和大调解的格局，为解决人民内部矛盾、维护社区稳定发挥积极的作用。人民调解被视为社会秩序的“第一道防线”。

民间性纠纷解决机制

社区矛盾的调解、化解除了运用一些必要的政策法规外，更多地要将“人情关系”等伦理因素考虑进去，多运用熟悉当事人情况的调解员来对社区细碎矛盾进行调解，譬如家族调解、亲友调解、邻里调解及“民间法官”等方法。这些传统的调解方法适合社区的民情风俗，调解员本身就是社区群众中的一员，在调解矛盾和纠纷时能够做到公正、合理，增强了调解的可接受性，有利于矛盾的顺利化解。

行政性纠纷解决机制

行政调解是以行政部门的法定权力作支撑，解决内部矛盾的方法。目前行政调解的主要方法就是政府各行政部门的信访接待，然后按行政权限对信访接待中遇到的各类问题矛盾予以处理。近几年来，信访接待逐年上升，为了更好地处理日益增多的信访来访，应逐步下放权力，使信访接待向区、街道社区倾斜，努力实现把矛盾化解于基层，化解于萌芽的目标。

司法解决机制

司法解决主要是指人民法院在收案后对民事纠纷的调解处理。如果调解成功，调解后果具有法律效力，双方当事人不得再予以反悔；如果司法调解不成，将按照法律程序进行诉讼判决。尽管司法调解的成本高，除了耗费时间、精力之外，还要花费相当的财力，然而由于司法调解程序严格，结果相对公正并具有法律的权威性，越来越多的人愿意选择司法调解来解决纠纷和矛盾。

第六章　文化社区

社区是特定地域内居民社会生活的共同体，这一共同体同时也是同一地理空间内社会群体的价值观、生活习俗、行为规范以及制度的集合。因此有学者将特定地域范围内，人们所创造、孕育、形成的人文环境、行为模式和生活方式的总和称为社区文化。为了从理论层面更加全面地把握社区文化的含义，有学者将社区文化做了广义和狭义的区别解读：广义的社区文化指社区居民在特定的区域内，经过长期实践创造出的物质文化和精神文化的总和；狭义的社区文化是指社区文化现象的集成，是社区居民在特定区域内长期实践过程中逐步形成和发展起来的有一定特点的价值观念、生活方式、行为模式和群体意识等文化现象。结合研究背景，本书采用狭义社区文化含义的界定，以突出社区文化在社会沟通、心理凝聚、价值导向和行为规范方面的塑造功能，而对上述社区文化功能的承认正是社会互动在社区治理过程中具体作用的体现。社区文化体现了社区居民的价值取向和是非判断标准，一旦形成并在社区范围内达成一致性认同，便会对居民行为产生约束规范和行为导向的作用。

社区文化是社区成员精神活动、生活方式和行为规范的综合。社区文化包括社区居民的思维方式、价值观念、精神状态、风俗习惯、公共道德等思想形态，以及学习、交往、娱乐、健身、休闲、审美等日常活动。

一、社区文化建设的内容

环境文化

社区是社区成员生活和工作的地方，社区环境文化的好坏对社区居民的生活质量、身心健康、精神气质等许多方面都起着重要的作用。它是衡量社区文明程度的重要标准。社区环境文化建设的主要内容包括自然环境文化、环境绿化、文物保护、景观设置；主要方法就是多开辟绿地和水体，植树、栽花、种草，减少各种污染，利用地方资源创造出独特的城市景观。

行为文化

社区行为文化通常也称社区活动文化，是社区居民在文化活动中表现出来的一系列行为。这些行为大量分布在居民们的文化学习、文艺活动、生活以及日常工作当中。例如交响音乐会、广场千人舞、文艺会演、读书分享会等。这些行为使得文化更加物化，让居民能够直观感受到文化对生活方方面面的影响。行为文化是一个人思想结晶、精神层次的体现，直观地体现了人们的道德素质和文化教育水平。

制度文化

社区制度文化是人们在平常的文化生活中形成的。制度文化不是硬性规定，而是由全部社区内的居民共同认可后才建立的规章制度。这些规章制度与社区成员本身的思想水平、价值观念相契合，是维护社区文化有序发展的保障，也可以化解和避免居民之间不必要的矛盾与冲突，有利于和谐社区的发展。社区制度文化不仅可以促使人们养成对契约精神的认同，同时也提高了精神文化建设的效率。

精神文化

社区精神文化是指社区成员在社会发展进程中形成的一种高层次的较为稳定的心理状态，一种精神生活的积极、健康、充实的状态。社区精神文化的内容包括对社区成员综合素质的培养，例如法律、民主、教育、科技、生态和审美等各方面的素质，家庭美德、职业道德和社会公德水平的提高，社会福利、社会保障和社会救济的实施，居住和工作环境的美化，以及人际关系的改善。社区精神文化建设有很多工作要做，但是重点只有一个，那就是社区居民思想道德素质的提高。

二、社区文化活动的种类

社区文艺

社区文艺是指社区成员从事的业余文学艺术活动。社区文艺有自娱自乐、丰富多彩、雅俗共赏的特点，有娱乐、审美、教育、宣传、装饰、交际等多种功能。社区文艺是形成社区认同感和归属感的主要途径，是形成社区吸引力量、感化力、凝聚力和创造力的重要方法，是社区艺术风格、民俗特色和经济活力的直接或间接的表现。社区居民进行文艺活动有助于提升自身的文化素质、性格修养、艺术鉴赏和表现能力。

社区体育

在现代社会中，人们越来越重视健身活动，因为锻炼身体同身体素质、生活质量、工作效率、精神面貌、体形健美、智力水平、反应速度、文化底蕴和心理素质都有直接关系。现代体育健身活动已经从单一的健康需要变成了融娱乐、休闲、交际等多种目的于一体的复合需要，并已成为一种新的社会时尚。社区体育包括大众健身和竞技比赛两个部分。

社区教育

第二次世界大战后,社区教育受到了广泛的重视。一些国家认识到,学龄前教育和学校后教育同学校教育同等重要,因此,幼儿教育、继续教育、终身教育、成人教育和回归教育等新的教育观点和形式相继出现并迅速传播。而城市社区作为城市的基本单位,作为联系百姓和政府的桥梁,自然就义不容辞地承担起社会教育载体的重要职能。大力发展社区教育,是提高人口素质、增强社区综合实力的需要,是社区经济和社会发展的需要,是加强社区精神文明建设的需要。

社区民俗文化活动

社区民俗文化是指社区居民的风俗和生活习惯,包括饮食衣着、待人接物、节日庆典、婚丧嫁娶、宗教信仰等。民俗是人类群体历史传统的因袭、传承和演变,是特定地域自然环境的产物,是民众的物质生活方式以及精神寄托、追求和享乐的方式。约定俗成的生活习惯和文化形态一旦形成,就会表现出一定的特色,如北京的胡同文化和四合院文化、江南的水乡文化和园林文化、西北的黄土文化、东北的黑土文化等。从某种意义上说,社区民俗文化活动就是民族文化传统和特色的具体表现。

三、社区文化和社区邻里关系

社区作为基层组织机构,是一个大社会的小缩影。构建和谐社区的关键是要正确协调居民内部关系,正确处理居民之间的矛盾。居民之间和睦相处,相亲友爱,社区成员才能感受到社区大家庭的温暖。俗话说:“远亲不如近邻。”社区中人际关系的和谐发展可以使社区成员加强交流、缩小隔阂。

对于新型社区，其成员结构复杂，通常在年龄、职业、文化水平等方面存在较大差异，因此正确处理社区人际关系是进行社区文化建设的重要环节。社区文化建设应从调解人际关系角度引入，帮助居民认识到邻里和谐的重要性。可以通过正确解决居民矛盾，积极贯彻相互理解、共存发展的社区精神，加强居民之间的沟通，培养共同解决问题的思维模式。创造良好的社区人际关系为社区文化建设提供坚实的群众基础，提高居民的社区认同感，是社区和谐发展的基础环节。

四、社区文化和社区归属感

城市社区文化作为社区的构成要素之一，它代表了一个社区的丰富内涵和内在特质，具有凝聚民心与规范社会行为的重要作用。社区文化建设不仅包括日益完备的社区公共文化基础设施和文化景观及丰富多彩的文化活动，还包括社区内公共精神、价值观念的培育以及社区信任和社区和谐关系网络的搭建。城市社区文化建设的任务和意义就在于通过社区文化活动的普及和深化，在社区居民中提倡并养成积极的社区道德规范，使社区成员在长期的交往中形成共同的社区精神，增强居民对社区的认同感、归属感和凝聚力，引导居民自觉、自主地参与社区内的公共事务。在城市社区文化建设中，社区基本信任的确立是扩大社区居民有序参与的基础和前提。增进社区居民的信任感和归属感，增强社区居民参与的效能感，最根本的是实现居民权益的社区化。在社区文化建设中，社区成员间通过普遍的信任和持续的互动合作，使良性和谐的社区关系网络得以持续，同时也增强了社区居民对社区的认同感和归属感。

第七章　智能社区

一、智能社区的构想

智能社区不同于以往的数字社区，它是数字社区在功能上的扩展、内涵上的增加和规模上的扩张，是集社区宽带网络系统、社区服务系统、社区管理系统、数字控制系统和物联网应用等先进技术于一体，建立基于宽带多媒体通信网络的综合服务平台，为社区用户提供政府服务、家居服务、安保服务、医疗服务和电子商务等服务和应用。智能社区通过各种形式的终端设备与呼叫中心、数据中心相互连接，搭建立体的、即时的智慧化平台，并开发真正“因地制宜”的软件，最终实现社区管理的智能化，为社区居民生活提供全方位、多元化服务的智慧化社区服务体系。

社区智能化建设建立在社区信息化建设的基础上。自 20 世纪 90 年代以来，信息技术在世界范围内得到不断创新和持续发展，信息网络日渐普及，信息化逐步成为一场全方位的社会变革。在全球信息技术飞速发展的环境下，我国信息化建设得到快速推进，不仅产生了巨大的经济效益，而且也促进社会各方面的发展。1999 年 1 月“政府上网工程”正式启动，加快了我国的电子政务建设。2001 年 12 月“家庭上网工程”正式启动，标志着社区信息化建设的开始。这两大工程与“企业上网工程”，成为我国国民经济和社会信息化进程中的三大支柱。

所谓信息化，就是"充分利用信息技术，开发利用信息资源，促进信息交流和知识共享，提高经济增长质量，推动经济社会发展转型的历史进程"。信息化主要包括三个方面的意义：首先，从技术的角度而言，信息化表现为一种新技术的扩散过程；其次，从内容资源的角度来说，信息化是一个不断加深信息资源开发利用程度，提高信息资源使用效率的过程；最后，从信息化的应用成效来看，信息化表现为对社会经济活动的流程实行再造的过程。社会信息化对各领域产生了深刻的影响，促进了各方面的变革。一方面，信息化改变了社会经济结构和经济增长模式；另一方面，信息技术在社会发展各方面得到广泛应用，对政治行为、意识形态、思维方式、文化、教育和日常生活等，产生了深远和巨大的影响。

社区是现代社会最重要的基层组织和组成部分，是人们居住、生活、学习、交往的主要场所。伴随着信息社会的来临，信息技术和信息产品正加速进入社区和居民千家万户。社区信息化，在增强社会管理效能、推进城市信息化进程、提升社区居民生活质量等方面，发挥着日益重要的效用。

社区信息化建设，不仅是实现社会信息化的关键环节，而且是城市信息化建设的重点，还是社区建设的重要内容。社区信息化是实现城市信息化的基础，政府信息化、企业信息化和社会信息化等多方面的建设都与社区信息化关系密切。社区信息化在构建社区、推动城市发展中发挥着重要的作用，如可以促进居民间沟通了解、建设服务型政府、加强政府与居民交流、提高居民生活品质、完善社区管理与服务等。

因此，中央和地方各级政府对其给予高度重视。早在2001年，国家民政部就制定和颁布了《全国民政系统信息化2001—2005年发展规划纲要》，提出了以社区建设为中心，以信息技术为手段，以社区服务为切入点，建设集热线电话、单键呼叫、因特网查询为一体的智能呼叫中心，为社区居民提供全方位的信息和服务，实现现代化社区管理和服务。2006年，中共中央办公厅、国务院办公厅印发了《2006—2020年国家信息化发展战略》（中办发

〔2006〕11号），进一步强调要"整合各类信息系统和资源，构建统一的社区信息平台，加强常住人口和流动人口的信息化管理，改善社区服务"。2007年，民政部和国务院信息化工作办公室共同起草了《关于推进社区信息化工作的指导意见（征求意见稿）》，明确提出满足政府、公众、企业与社会多重需求的社区信息化目标定位。

各地政府也十分重视社区信息化工作，积极推进相关工作。如北京、上海、杭州、宁波等大中城市，先后制定了有关社区信息化建设的规划，加大资金的投入力度和建设力度，完善硬件设施，建立起了具有特色的社区信息化平台，促进了社区信息化建设的快速发展。如北京市开通了96156社区服务热线和信息网站，杭州市建立了社区网，等等。社区信息化建设在取得快速发展的同时，也呈现出了一些问题，如：社区信息化建设由于缺乏统一的规划和顶层设计，导致各自为政；地域经济水平差异导致建设资金投入不足；社区信息化管理人才短缺，使平台维护运营效率不高，不能精准把握居民的需求；部门间由于电子政务系统各自独立相对封闭，导致社区信息化平台使用率不高；现有社区信息化平台内容的涉及面具有局限性，时效性差，不能满足社区发展所产生的社区管理和社区服务升级的要求。

社区智能化建设是一项具有中国特色的系统工程。它不仅涉及政府部门进行智慧城市建设、社区规划、管理和服务，涉及计算机技术、信息及通信技术、电气控制技术、空间信息技术及机电一体化技术等诸多学科和领域，还涉及社区人群的教育培训（即学习型社区）。

智能政务

智能政务是指以政务服务平台为基础，以公共服务普惠化为主要内容，以实现智慧政府为目标，运用互联网技术、互联网思维与互联网精神，连接网络社会与现实社会，实现社区政务组织结构和办事流程的优化重组，构建集约化、高效化、透明化的政府治理与运行模式，向社会提供新模式、新境界、新治理结构下的管理和政务服务产品。

智能家居

智能家居能够实现的功能有门禁控制、家居安防、家电遥控、自动抄表、可视对讲、儿童远程监护、停车场远程监视等。

· 门禁控制:通过 IC 卡(集成电路卡)门禁、RFID(射频识别)门禁、指纹门禁、密码门禁等组成多种验证模式相结合的门禁系统,记录用户每次出入信息,自动呼叫电梯,电梯根据用户信息自动到达所住楼层。

· 家居安防:强大的安全报警功能,与社区的安防中心连接,自动传送并在室内主机提示报警信息,主要包括:入侵报警、火警报警、紧急按钮报警等,以保证居民的人身和财产安全。

· 家电遥控:家居网关或无线触摸屏控制,远程网络控制、操作,主要包括:灯光控制、电动窗帘控制、场景控制等,给居民生活带来无限享受。

· 自动抄表:集中采集水、热、电、气表的数据,与社区管理中心联系传输数据,实现远程抄表和管理。

· 可视对讲:通过终端屏幕看到访客影像,与其通话,使用开锁键在户内开门;可与社区管理中心联系,与管理员和安保人员通话;储存来访者影像。

· 儿童远程监护:社区儿童乐园装有视频监控装置,通过网络接入社区视频服务器,家长可利用智能家居系统远程监护孩子的安全。

· 停车场远程监视:社区停车场装有视频监控装置,通过网络接入社区视频服务器,居民可通过智能家居系统在家中查看车辆的状况。

智能安保

智能安保系统主要包括:

· 周界防范系统:周界防范系统是为防范非法翻越社区围墙或栅栏,在社区围墙或栅栏上安装红外对射探测器。当发生非法翻越时,探测器可立即将警情传送到管理中心,中心将通过电子地图显示报警区域,保安人员及时准确地到达现场进行处理。

· 闭路监控系统:闭路监控系统采取两种解决方案,第一种是传统的模拟监控系统;第二种是采用计算机和数字技术的数码监控系统。

· 楼宇对讲系统:楼宇对讲系统是在各单元入口处安装防盗门和对讲主机,以实现访客与住户对讲/可视对讲。住户可用非接触IC卡、密码、钥匙和遥控开启防盗门,当访客进入后防盗门在闭门器的作用下自动关闭,有效地防止非法人员进入住宅楼内。

· 家庭报警系统:为了保证住户在住宅内的人身财产安全,可在住宅内的门窗、客厅、主卧室和厨房安装各种探测器进行昼夜监控。当监测到警情时通过住宅内的报警主机将警情传输至社区警务中心,接警计算机将准确显示警情发生的住户名称、地址和报警方式等,提示保安人员迅速确认警情,及时赶赴现场,以确保住户人身和财产安全。同时住户也可通过紧急呼救按钮,在住宅内发生抢劫案件和病人突发疾病时,向报警中心呼救,保安人员可迅速赶到现场。

· 电子巡更系统:社区重要部位制定巡更路线,并安装巡更站点。保安人员携带巡更记录机按指定的路线和时间到达巡更站点并进行记录,实时上报保安人员在巡更时所发现的特殊情况,将记录信息传送到管理中心。管理人员可调阅和打印保安巡更人员的工作情况,加强对保安人员的管理,从而实现人防和技防的结合。

· 门禁系统:指在社区监控中心、计算机中心、物管中心和地下车库出入口等处进行人员出入管理。工作人员随身携带一张具有一定权限的IC卡,在出入口处的读卡器前识别一下,如果IC卡没有错误门将自动打开。

· 楼宇自控系统:楼宇自控系统对社区供电设备、公共照明、电梯、供水和污水等主要设备进行监控管理,对社区内给排水、变配电系统以及电梯等进行工作状态的实时监测和控制，从而实现公共设备的最优化管理并降低故障率。同时，利用传感器技术和网络通信控制技术，可以根据自然光亮度和使用要求，采用智能开关方式和定时自动控制方式实现公共照明及环境灯光的自动控制，从而达到优化整个社区灯光照明，延长灯具寿命和节约能源的目的。

智能商业

智能商业很好地结合了互联网和实体店的优势，能够最大限度地满足消费者的个性化需求，方便了社区居民日常的生活需求。其经营模式是社区居民可以在家通过实体店提供的公众号、App(应用程序)、网站等形式的接入口，进入其实体店进行选购、消费，然后等待商家送货上门或提供服务，既极大程度上节约了社区居民选购日常消费品时所消耗的时间、精力，又改变了传统实体店“坐销”的局限性和不确定性，更好地确定市场定位和培养忠诚顾客，实现经营者的盈利目标。智能商业的主要形式有：

- 人员推销＋营业推广："互联网＋社区商业”的销售模式已经将消费者和经营者通过互联网紧密地联系在了一起，让消费者进行社区商业网站、App、公众号的注册、消费，是各个商家的第一大考验。经营者雇用高素质的推销人员进行上门推销是促销环节必不可少的一步，但是社区居民对推销人员的接纳度并不是很高，故采取人员推销＋营业推广两种促销方式相结合的手段，即在消费者进店消费的同时，营业人员对其进行第一步的宣传，引导消费者采取 App 注册、手机支付，并以赠送一些小礼品作为回馈。同时，与消费者预约好上门服务的时间，为推销人员上门进行进一步的销售打下伏笔。消费者在信任推销人员的基础上，更容易与其建立和谐的买卖关系，在下一次的购物需求中，选择该网上店铺，实现“路转粉”的目标，积累忠诚顾客。

- 广告＋公共关系：在“互联网＋社区商业”这一新型的零售业态模式

下,广告和公共关系的作用显得更加的突出和实用。社区商业面对的消费者绝大部分是本社区的居民,居民的年龄覆盖面很广,需求也多样化。针对这一特点,经营者可以开展各类的公共关系活动,以此来吸引消费者关注社区网站、App、公众号等社区商业的接入口。如:针对社区孩子开展的“宝宝爬爬比赛”“熊孩子运动会”“游戏比赛”等;针对社区的老人开展“最美大爷大妈”“广场舞比赛”“故事汇比赛”等等;针对忙碌的白领人群,则可以开展一些户外活动、亲子活动等公关活动。在开展公共关系的同时,可以将广告以海报、DM(直接邮寄广告)单页、网站动画等形式传达给社区居民,其费用比传统电视广告、媒体广告的广告费要低,更有针对性地进行了广告宣传,获取消费者的认可和喜爱。

· 共享经济:在社区商业的构建之中,社区居民是主体,围绕其需求开展的各类的促销活动,都是经营者所要关注和重视的。然而在这个多样化的消费时代,消费者的忠诚度普遍不高。要想获得消费者的青睐,经营者可以借鉴共享经济的模式,即鼓励消费者在社区商业门店中消费,并允许消费者扮演经营者的角色,分享即有奖。这一举措极大程度上调动了社区居民的参与度,使其能够愿意主动地分享社区商业网站、App、公众号等,并能够从中获取相应的物质和精神的奖励,牢牢地将消费者和经营者的利益进行捆绑,巩固顾客群体。

· 智能医疗:社区的智能医疗为市民及时就诊、方便就诊提供了条件。居民无须出社区,就可以享受到社区卫生服务机构提供的优质医疗服务。社区医疗服务中心可根据社区居民需求,配备常用的健康体检及医疗设备:全科诊疗仪、X线诊断设备、彩超、血液生化分析仪、离心机、光学显微镜、多通道心电图及检测系统、中心供养设备、激光治疗仪、呼吸机及急救设备等医疗设备,提高对社区居民的服务力度,方便社区居民进行健康体检;同时为每一个社区用户建立社区居民电子健康档案,周期性地为每一个社区用户进行健康体检、健康评估,让每一个社区用户对自己的健康状况了然于心。

· 医生在线咨询及指导系统：医生通过 IT(信息技术)系统接收住户服务请求，实时为住户解答健康方面的咨询问题，进行指导；开设专用服务热线，坐班医生将实时为老年人解决心里的疑惑和疑问；定期设立医疗咨询组，主动服务老年人，并详细记录老年的问题和医生的回答，将记录的内容录入 IT 系统内，作为将来的知识库储备，为将来的智能医疗系统提供参考数据。

· 简单身体状况指标参数自检系统：居民每天通过网络上传或者通过服务中心工作人员在系统中输入相关参数(血压、血糖等)，系统即通过"老年身体状况初步诊断专家系统"自行查询健康状况进行初步诊断；并将数据录入医疗的知识库，逐步完善宝贵的医疗基础数据。

· 在线预约系统：居民通过该系统可以进行看病挂号预约或者预约医生到住户家中上门诊断、上门打针，聘请私人医生或者申请设立家庭病房。

· 急救转运系统：在必要时社区管理人员通过 120 急救转运系统的急救绿色通道将病人快速送至指定的合作医院进行救治，并及时通知相关家属(短信、电话、发送 GPS 定位)。

二、智能社区的构建

基础信息的收集

当前我国智能社区的建设存在三种不同的语境：一是地域空间智能化的智能社区建设，这是由智慧城市引申出的智慧社区建设路径，主要以社区物理空间互联网接入及智能设备铺装等硬件建设为主；二是"互联网＋"引领下的智能社区建设，主要体现为新兴互联网企业推动和引领的商业化智能社区建设；三是社会治理视角下的智能社区建设，强调网络技术介入，实现多元主体在社区空间中的有效共治。可以看出，不同语境下的智能社区建设对基础信息的收集与处理是不同的。

首先，以物理空间互联网和智能设备铺装等硬件建设为主的智能社区构建，其基础信息一般通过居民使用记录进行收集分析。整体智能社区和局部智能家居建设需要在相应的硬件铺装基础上完成，前期研发投入相对较高，很多社区将智能社区的建设仅停留在智能门禁系统等装置的配备层面，主要涉及对社区内成员基本信息的采集。

其次，商业化建设中的智能社区建设，更多地体现为企业的市场行为。企业通过相关技术手段收集的信息多为商业机密，因此在该语境下，智能社区建设的基础信息收集并非是公共管理领域的议题，政府相关部门仅对此承担监管职责。

最后，社会治理语境下的智能社区建设，涵盖了政府基本公共服务的内容和方式，是基本公共服务的供给侧和需求侧相互调整和匹配的过程。智能社区的建设涉及社区内公共服务基本信息和需求信息的收集，以及配套的基础信息数据库系统的建设。这些信息和数据库的收集、建设及运行成为智能社区服务信息平台健康运行的基石。智能社区建设的基础数据直接影响社区内基本公共服务需求和供给的对接，影响管理决策的制定。只有充分掌握辖区内老年人、社工、志愿者、养老服务供应商、社区医院、医生、超市、商场、培训机构、健身机构等各类主体的多项基本数据，才能在今后为社区居民提供个性化、灵活性、智能化服务奠定基础。基础信息数据库系统的具体开发工作，首先需要在政府的规划下，制定统一的技术标准，方便各治理主体能够统一数据接口，进而实现数据的共享。其次是引入大数据和互联网企业进行基础信息数据库系统的开发，建立社区居民基本信息数据库、社区服务机构及人员数据库、社区义工及志愿者信息数据库、政策法规和技术标准数据库以及便民场所信息数据库。上述基础信息数据库建成以后，需要把它们集成在一个共享数据库上成为一体，并遵从统一的存储标准和接入标准，实现各个方面的数据有序衔接、充分共享、快速查询、及时更新，不断提高数据的利用程度。

这些数据库不仅需要由专人定时负责更新和维护，确保数据安全不外泄，还需要与金融机构、医疗机构、养老服务机构、教育、公安、社保、民政、财政等政府相关部门的数据库相互打通，建立覆盖省、市、区、街道、社区“五位一体”的基础信息数据库系统，实现数据的实时共享、互通互联。

社区群众的积极参与

我国网络的普及率已经达到较高水平，但社区居民对于许多新的科技产品接受度并不高，许多居民对智能社区服务平台都缺乏了解，这就影响了居民与社区的互动。“互联网＋社区治理”模式的特色就在于通过技术手段达到居民和社区的良好互动，而科技平台和互联网应用正是帮助居民更好地参与社会事务的手段。社区要帮助居民了解这些平台，丰富居民参与社区事务的手段。居民才是社区的主人，所以社区的发展也离不开居民的帮助。智慧社区需要科学长效的发展。要做到这一点，就要提倡社区居民积极提升自己的互联网参与能力，通过网络参与，提升解决社区事务的信心，通过技术手段的完善和普及，鼓励居民踊跃参加社区的日常事务，让居民在参与的过程中，提升对社区的归属感。社区最终的目的就是服务群众，当居民参与到社区的治理当中时，他们能够最直观地感受到社区建设中的不足，这样也能在一定程度上避免社区资源的浪费。培养居民的互联网参与能力，最重要的就是让居民对社区的“互联网＋”战略加深了解。这就需要社区加大相关的宣传，让居民明白，通过互联网等平台去了解社区事务、发表想法建议、参与社区发展对自己的生活具有极大的裨益。这也能在很大程度上提升社区治理的效率，以及社区解决居民事务的能力。

社区资源的整合

智能社区的建设可以让原本封闭且分散的社区过渡到开放而集中并密

切联系的社区，让更多的服务资源进行有效的整合。如社区服务信息系统以互联网、热线电话、客户端等形式将市、区、街、居多层级联通起来，整合各政府部门、企业、社会非营利组织以及社区周围的商家所具有的医疗卫生、教育、就业、社会保障、政务处理等多元服务资源，让社区成员享受到便利的“一站式”服务体验。社区可以将与居民息息相关的大量信息包括行政事务、文体、教育、社会保障、休闲娱乐、日常生活等各种信息汇集整理于一体，并对上述信息根据社区成员的年龄分布、工作职业、受教育程度等进行细致分类，以最大限度地贴合不同情况居民的需求，避免了过去因为资源较为分散、信息较为独立且沟通渠道不畅通而造成的资源浪费和成本增加，将诸多服务资源整合为一体，便于居民更加直接、便捷地获取所需服务。

第八章 福利社区

社区作为人们在特定区域内的社会共同体，自治性是其首要的特征，居民自我组织的初衷是为了在公共生活空间内体验到凭借个体力量所无法提供的高质量的公共产品和公共服务。公共产品一般体现为社区基本建设和设施；公共服务则体现为无形产品，是诸如社会工作、教育、卫生、医疗等无形的、有过程驱动的服务，有明确的服务主导逻辑，而不仅是以实体形式提供生产有形的产品。社区居民是公共产品和公共服务所满足的对象，当社区居民对公共产品和公共服务不满时，会出现逃离社区的行为，梯波特(Tiebout)将这种行为称为"用脚投票"，因此社区居民对社区服务的满意度成为社区治理的终极目标和理想状态。

一、社区居民享有的社区服务的基本分类

社会福利服务

这类服务对象主要包括老年人、残疾人、优抚对象、社会贫困户和儿童；服务内容以提供无偿或低偿的社会福利为主。

老年人服务

按照国际标准，一个国家或地区 65 岁以上的老年人口占总人口的比例超过 7%或者 60 岁以上的老年人口占总人口的比例超过 10%，那么，这个国

家或地区就进入了老龄化社会。目前，我国大多数城市 60 岁以上的老年人明显超过城市居民总人数的 10%，城市社会已经进入名副其实的老龄化社会。老年人服务主要是针对老年人在衣、食、住、行、医、学、乐等方面为老年人提供的服务，主要包括兴办各种福利服务设施，如老人服务中心、敬（养）老院、老年公寓、托老所、老人活动中心、老人食堂、老人浴室等，此外，还包括粮店、市场和商场为老人送粮、送菜、送货上门，医院为老人设置的家庭病床，理发店为老人上门理发。有的地方还建立了一些为老年人服务的组织，如老年大学和老年人协会。

残疾人服务

残疾人服务主要是针对盲人、聋哑人、肢体残疾人、弱智者和精神病患者提供的服务，主要包括建立残疾人就业保障基金，成立特殊教育学校（学院），开展残疾人职业培训，兴办福利工厂，建立残疾人活动中心或残疾人文化活动室。

优抚服务

优抚服务是针对社区内的革命烈士家属、病故军人家属、现役军人家属、革命伤残军人、军队离退休干部提供的服务，主要包括开展多种形式的拥军优属活动，帮助优抚对象解决住房、就医和日常生活困难，以及开展军民联谊活动等。

社会贫困救助服务

社会贫困救助服务是针对社区内的孤寡老人、无经济来源的贫困户以及下岗工人就业困难等问题提供的扶助服务，主要包括建立当地的最低生活保障制度，确保贫困者和贫困家庭的基本生活需要，动员社会力量对特困群体开展“爱心工程”“一帮一活动”等形式多样的救贫济困活动。

儿童服务

儿童服务是针对学龄前儿童和小学生提供的学前教育和课外活动服

务，主要包括兴办托儿所和幼儿园，开展儿童保健、营养、家教、心理咨询活动，举办假日学校和假期夏令营活动，开展书法、绘画、演唱、朗诵、表演、棋类比赛、知识竞赛等活动。

社区医疗卫生服务

社区医疗卫生服务以满足群众需求、保护人民健康为出发点。早在1999年卫生部就印发了《关于发展城市社区卫生服务的若干意见》，提出社区卫生服务应具备“六位一体”功能。“六位”是指社区预防、社区医疗、社区保健、社区康复、社区健康教育和社区计划生育技术服务。“一体”是指社区医疗卫生服务中心提供了上述有效、经济、方便、综合、连续的基层卫生服务。

社区预防是社区卫生服务内容之一，是社区卫生服务中心在政府领导、社区参与、上级卫生机构指导下，广泛宣传动员社区居民，采取综合措施，预防和控制疾病，保障和提高社区居民的健康水平的过程。积极开展社区预防，有利于将社区卫生服务落实到社区、家庭和个人，提高居民的健康水平。

社区医疗是全科医生在全科医学理论的指导下，运用相应的中西医技术，为社区居民提供的基本医疗服务。同传统的基层医疗服务相比，社区医疗的最大特点是：以社区为范围、家庭为单位，提供连续的和人性化的医疗服务。社区医疗是现代医学模式的具体体现。

社区保健是社区卫生服务中心协同有关机构，根据社区人群的文化和社会特点以及存在的卫生问题和健康需求，制订和实施社区保健计划，并进行检查和评估的过程。社区保健属于基本卫生保健。社区卫生服务人员要以各种方式宣传卫生保健知识，使居民养成健康的生活方式。

社区康复是社区服务卫生中心充分利用社区资源，运用各种有效措施，为康复对象提供有效、可行、经济的全面的康复服务，使他们能够重返社会的过程。由于康复对象有身体、语言、心理、精神、家庭等多方面障碍，要达到康复的目的,必须综合运用不同的康复手段,包括医学康复、社会康复、教育康复和职业康复。

社区健康教育是以社区为范围、以居民为对象,运用健康教育的理论和方法,普及医药科学知识,提高社区居民的健康意识和自我保健能力的过程。社区健康教育是社区卫生服务的灵魂,是初级卫生保健的首要任务。其根本目的是,通过有组织、有计划、有系统的社区活动和教育活动,促使人们自觉采纳有益健康的行为和生活方式,消除影响健康的危害因素,预防疾病,促进健康。

社区计划生育技术服务是社区卫生服务中心向社区居民宣传生育知识,开展遗传咨询,提供婚前检查、产前检查,传授节育方法以及相应医疗服务的过程。

社区文化服务

社区文化涉及人类所创造的信仰、风俗、制度、法律、科技、文学、艺术、休闲等一切自然科学和社会科学。随着人们物质生活水平的不断提高,人们对精神生活更加重视,各种精神需求越来越多,层次也越来越高。人们不仅需要欣赏、消遣、休闲和娱乐,也需要创作、展示、表演和交际,以此来发展自己的个性,展现自己的才华,实现人生的价值。同时,人们还希望密切邻里关系,守望相助,营造良好的社区氛围。社区居民的这些需求在很大程度上都要通过社区文化建设来供给,都要通过社区文化的繁荣来满足。社区文化融民俗、文艺、体育、教育和精神文明建设为一体,其功能是非常多的。

娱乐和健身服务

娱乐活动是社区居民生活中不可或缺的内容,是习俗传统的重要组成部分,是文化和文明发展的重要途径。社区居民在工作之余,需要休息和消遣,而娱乐活动则是积极的休息消遣方式。娱乐和健身是社区居民从事社区文化活动的重要目的。人们在唱歌、跳舞、绘画、跑步、打球、下棋等休闲活动中放松神经、消除疲劳、调剂精神、愉悦身心。在经济生活不宽裕时，社区居民主要是为了生存而奔波，没有精力和财力从事娱乐健身活动；随着生活条件的改善，社区居民的闲暇时间越来越多，对精神生活和身体健康的重视程度也越来越高。在现代生活中，娱乐和健身不但是一种保障身体健康的生理需要，也是交际、审美、娱乐等精神心理需要。娱乐和健身已经成为一种社会时尚，社区居民在娱乐健身方面所花的时间越来越多，娱乐和健身的形式也在不断变化。

经济和环保服务

社区文化具有经济和环保功能。城市社区经济是在实行市场经济体制后才得以蓬勃发展的新生事物，是在 20 世纪 80 年代中期从社会福利性的社区服务中生长并逐渐分离出来的。城市社区经济是指在城市特定区域内为满足社区居民的物质生活和精神生活的消费需求而提供服务的活动，它涉及的领域很多，既包括房地产业、商业、餐饮业、医疗保险业、建筑装修业和其他物质生活方面的服务行业，也包括旅游产业、教育产业、文化产业、体育产业、律师和会计等知识、精神、健身和智力支持方面的服务业，即大文化生活方面的服务业。由此可见，社区文化产业是社区经济的重要组成部分。

认知和育智服务

社区居民通过文化实践可以认知自然，发现科学规律，发明新的技术，生产出更多的供人类享用的物质财富；可以认知人类自身，充分发挥人的潜能，提高自身的文明素质和精神生活的质量；可以认知社会，探索符合社会发展规律的观念、方法和制度，使经济、社会和文化协调发展，使社会文明程度不断提高。人们要进步要发展，就需要不断地认识事物，积累经验，学习知识，增长才干。知识是人们谋生的资本，是竞争的重要砝码。在现代社会中，知识更新非常迅速，要跟上时代的发展就必须不断学习。人们要发展和完善自己，既需要受益于社会，又应该贡献于社会。而要实现自己的人生价值，实现社会的共同理想，就需要不断学习。开展社区文化服务，就要创造条件来满足人们不断增长才智的要求。例如,通过组织计算机和外语学习、各种职业培训、知识技能竞赛等活动,可以使居民增长知识,学习技能,开发智力,增长才干。

社区教育服务

社区教育是指把学校教育、家庭教育、社会教育广泛地联合起来,发挥各自的育人优势,以德育为重点内容,创造与优化育人环境和条件,动员全社会的力量提高社区成员的素质,形成和增强社区教育的群体凝聚力,切实加强社区的物质文明建设和精神文明建设。社区教育是学校发展的需要,也是社区自身发展的需要。因此,社区教育应当具有政府参与、地区统筹的性质,具有社会和学校的双向参与管理、双向服务、双向渗透和双向监督的调节机制。社区教育的外延很广,既包括学校教育,也包括家庭教育和社会教育;既包括普通教育,也包括职业技术教育和成人教育;既包括青少年教育,也包括学前教育和成人教育,乃至终身教育等。社区教育具有地域性、多样性、实体性和开放性等特点。社区教育模式主要有以下几种:

(1) 以街道为中心的地域型社区教育模式。

在这种模式下,街道是社区教育的组织者、实施者、监督者、协调者,并以社区服务和社区文化为着眼点进行各种休闲、文化、活动型的教育。其运作方式为:① 街道办事处相关职能科室按照行政方式布置、检查社区教育工作;② 成立社区教育委员会,由当地党政领导挂帅,有关职能部门及驻区单位参加社区教育工作。政府主导和社会参与是该模式的两大特点。街道办事处作为政府的派出机构,在社区教育中占主导地位。社区教育作为街道办事处一项重要工作,纳入工作目标体系,并借助行政手段推进。此外,可以通过动员驻区单位参与社区教育,发挥各界(如学校、少年宫、图书馆、读书会、市民学校等)的资源优势,力求形成"共建、共管、共享"格局。这种模式带有较强的行政管理色彩。虽然这种模式有助于街道办事处发挥主导作用,并可在一定限度内调动社区各界资源,但是也容易导致社区教育活动最终流于形式。

（2）以学校为中心的辐射型社区教育模式。

这种模式是在教育系统内部发展起来的。在这种模式下，中小学是社区教育的组织者、协调者，并利用自身办学资源和优势进行校外活动。其具体运作方式表现为：① 以学校为主体组织本校或社区内中小学生参加各种形式的课外教育活动；② 由学校牵头组建社区教育协调委员会，定期研究课外教育工作，参与学校课外活动的协调与管理，并向社区居民开放校内文体设施。学校主导、资源共享和社会参与是该模式的特点：① 学校主导。中小学作为区域性社区教育的组织者或牵头单位，实施以在校中小学生为对象的社区教育。② 资源共享。学校将社区居民请进校内，共享学校文体设施。③ 社会参与。学校邀请社会各界参与校内或校外教育活动。该模式能充分利用中小学校办学资源，教育行为比较规范。但是，学校在调动社区资源方面存在组织层面的先天不足、社区资源整合作用微乎其微的缺点。

（3）以社区学院为载体进行的综合型社区教育模式。

在这种模式下，社区学院是区域性社区教育的龙头单位，通过理事会和文明市民学校以及学历教育、非学历教育手段进行文化性、职业性、专业性社区教育。其具体运作方式为：社区学院接受街道办事处、民政局或者区域内单位委托，通过专业开发、课程开发、项目开发等多种手段组织教育教学活动。

这种模式是教育系统内部成人高等教育体制改革和借鉴西方发达国家社区学院成功经验相互作用的产物，是一种区域性、多层次、开放式、综合性、大众化的“大教育”模式。它融区域高教、成人高教、职业教育等为一体，融学历教育与非学历教育、职业资格证书教育与休闲文化教育、各类委托项目与居民自治教育为一体，是一种与我国现行高等教育体制不同的社区教育办学模式。社区学院以成人（在职或转岗从业人员）为主要对象，为其提供专科、本科层次学历和多层次、多类型、多样化的非学历教育。这种模式易于同区域内政府职能部门和驻区单位进行业务沟通，便于系统内资源的重组，但是，同以学校为中心的辐射型社区教育模式一样，其资源整合作用微乎其微。

(4) 以地域为边界进行的自治型社区教育模式。

这种模式近期有较大的发展。在这种模式下，由社会各界共同组成的社区教育协调委员会对本社区教育进行总体协调和具体策划。其具体运作方式表现为：由驻区各行业较有影响且热心社区教育的单位，或某一功能齐全的单位牵头组成专门机构，利用各成员单位在各自行业的影响和资源开展"社区是我家，建设靠大家"式的社区教育活动。

此模式由驻区各界参与社区建设，有助于社区居民自治意识的增强，然而，由于组织松散，难以形成持久而有效的核心和合力。它比较适用于行业主体单一且占据驻区主导地位的"同质社区"。

社区治安服务

社区治安是指社区政府和自治组织依靠社区群众，协同公安、司法机关，对涉及社区社会秩序和人民群众生命财产安全的问题依法进行的公务活动，具有区域性、法律性、综合性和群众性等特征。社区治安的职能部门包括与治安工作密切相关的城市街道办事处、社区委员会、物业管理公司及社区内企事业单位的保卫部门。社区治安的基本任务是保障国家的法律法规、党的路线方针政策能在社区得以实现，维护社区秩序，促进社会稳定。具体而言，其基本任务主要包括以下几个方面：

(1) 协助公安机关、政法机关严厉打击各种违法犯罪活动。

依法严厉打击各种违法犯罪活动，是社区治安的首要环节和重要保障。社区组织要经常开展调查研究，熟悉和掌握社区内各种人员的情况，发现疑点及时向公安机关反映，配合公安、政法部门依法打击破坏社会治安的刑事犯罪分子，依法查禁和取缔社区内卖淫嫖娼、赌博、吸毒贩毒等违法犯罪活动，维护社区秩序，保障社区的稳定和安全。为了有效协助公安、政法机关严厉打击各种违法犯罪活动，社区各单位和组织一是要掌握本社区居民的家庭状况、思想倾向和在工作单位的表现，有的放矢地做好他们的思想政治工作。例如，对下岗失业人员进行再就业教育，帮助他们调整心态，消除怨气，向他们提供就业信息，帮助他们竞争上岗和重新就业，帮助他们解决眼前的困难。二是要了解社区居民的需求，帮助社区居民解决实际困难和问题，提高社区凝聚力，增强社区居民的认同感，通过组织居民参加社区居民会议、制定社区公约、参加社区公益活动等形式，树立居民关心社区的意识，使他们自觉维护社区秩序。

(2) 做好社区青少年犯罪的预防工作。

青少年是国家的希望和民族的未来，减少和预防青少年犯罪是全社会的责任。近年来，学校及其周边地区出现了一些不安定因素，严重影响了青少年的健康成长。社区有关部门应采取以下措施来整治校园及其周边的治安环境，做好青少年犯罪的预防工作：首先，学校要在全面实施素质教育的基础上，做好“减负”后学生的引导工作。其次，职能部门要加大对社会上服务娱乐场所的管理力度，采取有效措施，制止一些娱乐场所腐蚀青少年健康成长的不法经营行为，倡导它们文明经营。再次，学校要重视“双差生”(学习成绩差、思想品德差)和缀学学生的教育转化工作。统计资料表明，“双差生”和辍学学生的违法犯罪率是普通学生的 10 倍。最后，学校、家长和社会都要重视青少年的心理健康状况，做好学生的心理咨询工作，防止他们走上犯罪道路。

(3) 积极开展人民调解工作。

人民调解工作是指基层社区人民调解委员会依据一定的法律、法规、政策和道德规范，集中教育、疏导纠纷当事人自愿达成和解协议，消除隔阂的活动。1989 年通过的《人民调解委员会组织条例》规定了人民调解委员会的性质与任务。该条例的第二条规定，人民调解委员会是村民委员会和居民委员会下设的调解民间纠纷的群众性组织，在基层人民政府和基层人民法院指导下进行工作。该条例的第五条规定，人民调解委员会的任务为调解民间纠纷，并通过调解工作宣传法律、法规、规章和政策，教育公民遵纪守法，尊重社会公德。

(4) 做好流动人口的管理工作。

所谓流动人口，是指跨越一定地域范围但不改变常住户口的各类移动人口。随着我国城市化和工业化速度逐步加快，人口流动的规模和范围也越来越大。在经历人口流动的规模和速度的快速增长后，全国流动人口的规模已由连续上升的趋势转变为缓慢下降，流动人口的规模和结构已进入调整期。

流动人口对城市经济的发展、市政建设、市容环境等各个方面都发挥了积极的作用。然而，流动人口也带来了一些负面影响，例如城市流动人口数量的增长给城市治安管理带来了许多不安定因素，使本来已经十分严峻的城市治安形势更加恶化。流动人口来自各地，其构成较为复杂，活动范围面积较广，增加了城市治安管理的难度。

社区结构的复杂化和社区工作内容的复杂化高度相关：同质性社区人口越多，社区工作便越容易开展；反之，社区内异质性人口的较多，将对观念和行为的统一形成障碍，差异化需求也随之上升，社区工作也进而变得复杂。影响社区结构复杂程度的因素很多，人口因素、阶层因素、家庭结构因素、城乡因素以及民族种族因素等都会形成不同社区成员在认知和行为上的差异，从而在不同程度上影响社区治理的成效。

(5) 做好社区消防工作。

消防工作是社区治安的一项重要工作，它直接关系到社区居民的生命财产安全。消防工作的目的是预防社区火灾的发生，为社区居民提供安全的环境，保障其生命及财产安全。因此，在指导思想上，一定要把预防火灾放在首位，从人力、物力、技术等多方面做好灭火准备，以保证火灾发生时能迅速扑灭。做好社区消防工作，首先应该加强对社区重要部门的消防管理。根据社区管理的特点，社区内的重要部门主要是人员集中、火灾发生后损失较严重的单位，如学校、医院、影剧院、歌舞厅、商场、饭店、宾馆等。做好社区消防工作，必须遵循“预防为主，防消结合”的工作方针，本着防患于未然的精神，认真开展火灾的预防工作。要合理布局社区内的建筑，配备完备的市政消防设施；加强防火检查及火灾隐患的整改工作；加强消防宣传力度；制订详尽的工作计划，确定消防工作的责任目标。

二、社区服务的提供者分类

在英美等西方国家，社区工作(community work)是以社区和社区居民为服务对象，推动社区工作平衡发展的一种专门的社会工作，社区工作本质是社会工作，社会工作者是专门从事社区内社会工作的人员，因此社区工作者和社会工作者并无本质区别。而在我国社会治理的语境下，社区居委会具有行政性和自治性的双重属性，社区内工作不只是自治基础上的社区服务，还增加了基层社会秩序的管理功能，这就决定了社区工作者和社会工作者就工作内容和性质而言存在明显差别。我国对“社会工作”的理解可以分为普通社会工作、本土性社会工作和专业社会工作三种。有学者将中西方不同语境下的社会工作的特点和范畴进行了对比，如表 8-1 所示。

表 8-1　中国的社会工作(机构)分类

名称	类型	特点	范畴界定
西方语境下社会工作	政府；民间组织；个人	专业性；带有西方社会文化的特点	西方社会工作实务
中国本土性社会工作	传统政府社会工作	半行政性、半专业性、本土性	政府福利管理部门 半政府半官方组织
	传统民间社会工作	草根性、半专业性、本土性、(半)职业性	未接受过西方社会工作训练但接受过相关的服务或发展理论的培训
中国专业社会工作	本土专业社会工作	专业性、本土性、职业性、去行政化	接受过西方社会工作训练的社会机构

结合上表可知，我国目前在社区内的服务工作主要有两类：一类是以社区居委会为代表的、承担基层社会公共事务管理和基本公共服务职能的社区工作者，他们所从事的是本土性社会工作中传统政府社会工作。这类社会工作以政府部门的推动为工作动力，本土性较强，专业性和行政性并存，学者们将从事这一类工作的人称为社区工作者。另一类是以社区社会工作为主要工作内容，由那些尊崇利他主义价值观、掌握相关系统的社会工作理论、知识、方法和技能的职业社会工作者，面向社区提供的专业化和广泛的社会服务，例如社会救助、社区矫正、弱势群体的社会服务、医疗服务等。

随着我国经济政治体制改革的不断深化，原来由政府和企事业单位承担的社会职能会继续被剥离，并转由社会组织承接，社会工作的职业化与专业化是改革发展的必然结果。由于社会工作服务的对象和场地大多集中在居住场所，因此社区便成为社会工作的实际载体，社区社会工作也成为社会工作的重要组成部分。

社区专职工作人员

社区专职工作人员是指经过培训后聘任上岗、专门从事社区管理和服务的社区服务站工作人员。他们的主要工作职责有：贯彻执行党的各项路线方针政策和国家法律法规，教育引导居民遵纪守法、履行义务，听取并反映社区居民的意见建议，积极为社区居民服务，在业务上接受民政部门的指导和街道（乡镇）的管理监督，协助城市基层人民政府或其派出机关做好与居民利益有关的各项工作，组织协调社区单位开展共建共享活动，推动社区进行民主决策、民主管理和民主监督，等等。可以看出，城镇社区专职工作人员是在当前国情条件和社区发展阶段下产生的，他们只是社区工作人员队伍中的一个特定群体，和其他普通社区工作人员一样都在社区工作，承担基本相同的工作内容，只是他们不由社区居民选举产生或聘任，而是由政府通过购买服务的方式，经过公开考试、择优招聘到城镇社区服务站工作的专职人员，主要任务是协助政府做好延伸到社区的工作，服务社区居民。

志愿者

志愿者是指“在自身条件许可的情况下，参加相关团体，在不谋求任何物质、金钱及相关利益回报的前提下，在非本职职责范围内，合理运用社会现有的资源，服务于社会公益事业，为帮助有一定需要的人士，开展力所能及的、切合实际的，具一定专业性、技能性、长期性服务活动的人”。志愿者的行为特点有自愿性、奉献性和公益性。自愿性是指志愿者参与志愿服务是出于主观意愿，奉献性是指志愿者参与志愿服务是无私不求回报的，公益性是指志愿者的行为动机是帮助别人，是为了他人和社区的利益。志愿者的分类根据组织形式可以分为政府部门提供正式志愿服务的志愿者、非政府组织提供公共服务的正式志愿者、出于个人意愿的志愿者。志愿者根据服务内容可以分为为了完成特定服务内容的招募类志愿者、具有专业特长技能的服务类志愿者以及居民按爱好需求等分类的综合类志愿者。志愿者根据服务时长、频率等可以分为短期或限时类志愿者、长期志愿者。志愿者根据受益对象、项目类型等其他分类方式还有很多种类。

“城市社区 15 分钟服务圈”规划

“城市社区 15 分钟服务圈”属于社会公共服务体系建设内容之一，即根据社区居民最关心、最急需的就业、社会保障、社会救助等 10 大类 60 项社区基本服务项目所搭建，让居民尽享便捷服务。居民可以在 15 分钟左右的时间里，享受到包括理发、买药、买菜等便民服务。

(1) 建立标准社区服务管理体制。

创新社区管理，打造城市社区 15 分钟服务圈，科学标准的服务管理体系是基本保障，也是该规划顺利实施的根据。政府的职能不再是单纯管理者的角色，更多的是将自己摆放在服务者的位置上。政府需要加大政策和资金的扶持力度，例如对社区服务的整体规划、对社区配套基础设施的规定和社区服务的购买等方面要有所作为。在此基础上，政府应该做好保障工作，加快建设完善社区服务的相关法律法规，规范引导社工队伍及社会组织建设，鼓励企业、个人等参与到社区服务中来，发挥“三社”（社区、社会、社工）联动效应，做好监督工作，保障社区服务公开透明。

(2) 根据社区居民的需求定位完善社区服务内容。

社区服务的内容，包含整个社区居民的生活服务。在社区建设中，社区服务内容都是至关重要的一部分。在打造城市社区15分钟服务圈的过程中，应该结合每个社区不同的人口分布情况和居民的需求情况，提供因地制宜的社区服务。例如：为老年人群体打造老年文体活动中心，开办老年大学培训班等，针对上班族提供幼儿托管等服务。很多居民对社区中提供哪些社区服务并不了解，在提升服务丰富内容的同时，要加大宣传力度，让更多的居民以及社会组织参与其中，实现多元化主体共同参与，提高效率增加效用。

(3) 着力发展“互联网＋社区服务”。

在互联网大背景下，要积极鼓励电子商务企业与社区实体商家开展合作，建设基于社区居民生活需求为基本导向的、线上线下相交互的社区综合便民服务体系。特别针对地域相对偏远商业配套不成熟的地区，要扩展相关社区服务，提供线上交易、线下外卖配送等精准化服务。为了进一步方便社区居民，应当充分利用社区微信公众号等媒介，及时推送社区最新资讯，建立“网上社区”，使社区居民能够及时了解社区服务项目，积极参与到社区所提供的社区服务中。

(4) 加强社区服务保障机制建设。

建设城市社区15分钟服务圈，无论是资金上还是政策上从开始就离不开政府的大力支持。如今政府已经将打造城市社区15分钟服务圈纳入了整体规划中，将现有闲置的资源有效配置，提高其利用效率，并对社区服务建设给予政策、资金扶持，对进入社区的社会服务机构、企事业单位采取补贴、税费减免等扶持政策，积极鼓励社会力量开办相关服务组织，弥补社区服务主体的相对单一性，在宏观方面做好社区服务建设的大管家，微观方面做好社会服务的好助手，为社会服务的进一步深化起到推助作用。

三、社区居家养老模式

在实践中，按照养老地点以及养老资源来源方式的不同，我国城市形成了家庭养老、社区居家养老（也叫居家式社区养老）、机构养老、以房养老、旅游养老、异地养老等多种养老方式。社区居家养老服务是指以家庭为基础、以社区为依托、以专业化服务为依靠，以政府和社会力量为支撑，为居住在家的老年人提供生活照料、医疗护理以及精神关爱服务。在我国家庭养老功能日渐衰弱和丧失以及老年人经济水平不断提高的背景下，社区居家养老服务因为结合了家庭养老和机构养老的优势，体现了以老年人为中心的养老理念，既有利于子女奉行孝道，弘扬尊老敬老的传统美德，也有利于减轻子女和政府的养老压力，所以深得老年人及其子女的喜欢，也成为各级政府极力推行的一种独具中国特色的养老服务模式。

社区居家养老主要通过两种途径来为老年人提供服务：一是由专业社工为老年人提供上门服务；二是在社区日间照料中心为老年人提供日托服务。社区居家养老面向的服务对象主要是一些轻度和部分中度功能受限的老年人，也就是说还具有一定生活自理能力的老年人。社区居家养老的主要服务内容包括生活照料、医疗护理、精神慰藉、紧急援助、健康管理等。除此之外，要想保证社区居家养老服务的健康发展，还需要具备一系列的条件：比如享受社区居家养老服务的老年人应该有自己独立的居所，有夫妻或者子女相互间的照顾，家庭经济条件较好，能够雇请保姆或者钟点工，子女亲属有时间经常来探望，社区也要有足够面积的公共场所方便老年人进行活动、交流和休闲，同时社区内部也要有足够数量和质量的养老服务中介机构和统一规范的社区居家养老服务管理机构等。

社区居家养老智能平台的构建

社区居家养老智能平台建设，应涵盖社区养老服务的各个要素，主要包括社区养老管理信息平台、社区养老资源平台、社区卫生服务平台、社区网络互动交流平台、社区人力资源平台。

社区养老管理信息平台：收集和传递老人基本信息，满足多样化需求

老年人不是一个同质的群体，是多样化的。即使年龄都处在60岁以上，但生理、心理活动以及社会参与能力方面的差异进而导致经济状况的不同使得老年人在面对晚年生活时，需求是具有显著差异的。只有把老年人口分解成多个子群体，其数量和类别对于需求分析才是有意义的。而互联网中大数据分析的应用则正好满足了这一需求，可充分分析出老年人的具体需求。社区可建立覆盖整个社区60岁以上老年人的社区养老管理信息平台，为每名老人建立电子档案，工作人员通过走访登记、调查问卷等方式获取老年人的家庭、个人经济、健康、退休前职业、教育程度、爱好等方面信息，并根据工作需要，建立优抚、空巢、残疾、疾病、孤寡、特困、低保等各类人员档案，继而通过大数据分析，掌握社区老人的主要需求和基本情况，采取相应的收费方式，为社区老人提供不同层次的服务。而个人移动终端的配备则能迅速反映老年人的各项需求，社区老人或其子女可通过移动互联网终端，实时搜寻社区养老服务提供情况，进行“点单式”服务，并可随时将养老需求上传，由社区养老服务中心或志愿者组织根据其需求安排上门服务。

社区养老资源平台：充分利用养老资源，实现优化配置

社区老年服务设施是开展社区养老服务的重要阵地，但不能仅仅依靠社区居委会。社区老年服务的投入主体应坚持社会化，不仅需要根据自身情况，合理建设、有效利用资源，更需要社区之间实现资源共享，使现有资源

的利用达到最大化。目前，社区养老的基础设施以政府投入为主，社区养老服务资源有限且缺乏整合和协调。但事实上，除了社区，通常社区附近的机关单位、企业、其他社区以及养老服务机构也有一定的养老服务设施，诸如老年活动室、健身器材、医疗监测点等，这些设施并没有得到有效的利用。在“互联网＋”模式中，应建立社区养老资源平台，将所有的养老服务设施信息集中到社区养老资源平台上，并对这些养老服务设施予以分类，界定为免费共享的、收取一定管理费的以及按服务收费的，然后根据老人经济条件和需求状况主动推送服务，在增加老人选择机会的同时，也能让参与企业获取回报。这将有利于养老产业资源的整合，并促进资源的优胜劣汰。而且，当老人出现特殊需求和困难时，通过家庭与社区、医院、社保、家政公司等的快速联网，可以实现信息的及时互通，快速合理调配服务资源，帮助老人就近、快速解决困难。

社区卫生服务平台：转变医疗滞后，降低安全风险

老年群体的身体机能变化较快，因受到环境的影响，老年人的血压、心跳和血糖等身体状况都缺乏稳定性。并且，由于家庭养老对于老人的医疗护理基本上是滞后的，只有当老人身体出现状况时，才会采取措施救治，导致老人常常因为发病较快，送医不及时而耽误了最佳治疗时机。解决这一问题，必须利用互联网监测手段，建立社区卫生服务平台，将老人健康监控前置。首先，社区应逐步建立起老年人口健康档案，进行日常健康监测、健康教育与健康管理；同时，利用各类便携式、穿戴式设备，检测记录并定期更新老年人的身高体重、血压、心肺功能等基本信息，以实时观察老年人身体状况。其次，将社区卫生服务中心与附近大型医院联网，配备医护人员和康复器材，方便老年人就近诊治、配药，使老年人看小病不出社区，大病能够及时诊治。最后，依托社区卫生服务平台，定期发布健康教育专题报道，普及医疗保健知识，举办各种以老年常见病防治为内容的讲座、培训班，并根据老人的咨询和疑问予以解答，提高老年人自我保健意识，降低发病率。对于

老年人身体安全监控的前置有利于降低突发状况带来的安全风险，从而保证老年人的健康。

社区网络互动交流平台：满足精神需求，享受晚年生活

随着人口寿命水平的提高，老年期作为一个生命阶段大大延长。现在的老年人与过去的老年人有很大的不同，他们渴望健康多彩的文化生活，有着强烈的精神文化需求，希望融入社会。社区要发挥“互联网+”在丰富老年人精神生活方面的重要作用，通过建立社区网络互动交流平台，构建集老年社交、精神慰藉和老年大学三大板块为一体的综合性老年社交体系。一是老年社交。在“互联网+”的状态下，在社区开展各类老年文化、娱乐、体育等文娱活动，事前可以充分沟通意愿、修改方案，事中可以方便联络，让老人自由参加，事后可以相互分享心得，获得精神上的满足。二是精神心理慰藉。社区网络互动交流平台，可以让老年人彼此分享，相互鼓励，增进交流，避免心里空虚。同时，还可以开辟老年精神生活栏目和老年情感专线，为老年人提供其所乐于关注的信息，并安排专人对鳏寡孤独和子女长期不在身边的老人提供在线精神慰藉服务。社区提供各类为老服务的目的，不仅是要解决老年人的生活困难，更是要提高老年人的生活质量。三是老年大学。可以在社区内建立老年大学、老年学校教育点，鼓励老年人接触现代高科技，组织老年人学习使用科技设备，如手机、电脑、监测手环等，让更多的老年人在这些团体中得到鼓励、支持和帮助，使晚年生活更加充实。

社区人力资源平台：提升人员素质，解决劳动力欠缺

社区养老服务队伍的专业化素质决定着社区养老的服务质量和发展水平。而目前，由于从事社区养老服务工作的人员工资水平低且社会地位低，所以从事该工作的人员队伍存在着人数少、素质不高、专业水平偏低及年龄偏大等问题。因此，必须注重社区养老服务的人力资源开发，搭建社区人力资源平台，发动各种社会力量参与社区为老服务事业。互联网在解决社区工作服务人员欠缺和职业培训方面可以发挥巨大的作用。首先，对于社区

养老服务人员欠缺问题，运用互联网技术以网络化带动信息流通，使需求信息获取渠道更为便捷和公开。一方面可以采用“劳务银行”的形式，通过社区对高龄老人生活服务需求的发布，由中年人或低龄老人提供服务，鼓励社区成员参与到社区为老服务事业中；另一方面可以充分吸纳学生志愿者或者义工团体，及时获取有需求老人的信息，而彼此身份信息的公开也增加了老人家属对提供服务群体的信任感。其次，在对社区养老服务人员的培训和管理上，可通过网络课堂、远程教育等方式，对其进行授课培训提升其专业素质，帮助其形成固定的职业体系。同时，家属也可根据服务人员的技术水平，在社区人力资源平台上购买养老服务。

社区居家养老智能平台的管理机制

养老服务作为一种准公共产品，需要由各个养老服务参与主体共同提供。借鉴福利多元主义理论，社区居家养老智能平台需要整合政府、企业、社会、社区、家庭这五种力量才能健康发展。因此在管理上需要充分发挥政府在整合资源方面的执行能力和对养老服务的监督能力，充分发挥优胜劣汰的市场淘汰激励机制，充分发挥社区和家庭第三方的监督和评价作用。目前的居家养老普遍采用市、区、街、社区四级联动的管理体系，在市级、区级、街道设有社区服务中心（或居家养老服务中心），在街道和社区设有社区服务站（或居家养老服务站）来承担便民服务、为老服务和政务咨询等。

具体看来，根据我国的行政体制和政府职能划分，社区居家养老智能平台应该在国务院的统一领导下，由各地的民政部门和地方老龄委牵头统一管理，而且实行基于行政区域划分基础上的层级领导体制，即按照省、市、区（县）、街道、社区五种层级体制实行民政部和地方老龄委管理下的双层领导体制，然后每一层级的民政部门和老龄委向上一级负责和汇报工作。同时，每一级的民政部门和老龄委需要协调同一级别的人力资源和社会保障部门、医疗卫生部门等相关职能部门共享老年人信息，共同为满足老年人的养老服务需求出谋划策。此外，每一级别的民政部门和地方老龄委都需要通过政策支持、财税优惠、基础设施建设投入等方式，积极引导地方相关企业和养老服务机构加入社区居家养老服务信息平台，并通过委托代理、招标采购、政府购买等方式，将社区养老服务部分或者全部外包给相关养老服务机构，交由专业机构运营，民政部门和老龄委需要做好市场准入、监管和评估工作。而社区养老服务管理中心则需要配合上一级民政部门和老龄委的工作部属，做好老人的信息收集、更新、维护等管理工作，同时认真做好基层调研和回访工作，守好监管服务的最后一道防线。总之，要整合每一行政层次的管理部门，明确它们的责任和义务，从而建立统一、集中管理、多部门合作的社区居家养老智能平台服务管理机制。

智能社区居家养老服务运营机制

利用社区居家养老智能平台，不仅能够方便老年人及其家属，对社区养老服务管理中心来说也能够有效整合养老资源，提高养老资源的利用效率，对政府部门来说还能够提高社区居家养老服务的管理水平和监管水平，促进智能社区居家养老服务模式的健康发展。当统一的社区居家养老智能平台建设完成之后，该平台是如何运营的呢？事实上，我国社区居家养老的现状和趋势就是政府监督指导下的市场化运营机制，即居家老人提需求，网络平台搞通联，加盟企业、志愿者、社区服务站做服务。这种机制无论对政府、运营单位、加盟企业和老人都具有明显的优势，能够可持续运营发展。

第一，社区居家养老智能平台服务链条向前延伸，将老人信息的实名认证和相关数据的收集及利用纳入进来。该平台的基础数据库管理系统具有收集和更新老人基本信息的功能，社区工作者通过走访调查，录入社区内老人的基本数据，包括身高、年龄、性别、经济收入状况、受教育程度、家庭住址、子女数量、职业、收入、是否享受低保、身体健康状况等。只要被服务的老人的信息被录入统一的社区居家养老智能平台，老人在首次使用该平台时，该平台会通过连接社保卡或者身份证号等途径以及结合动态密码形式对老人的身份进行验证，一旦身份认证成功，无论今后老人在什么时间什么地点提出服务需求，该平台都能够有效识别进而提供相应的服务。那么随着老人基础信息的完善，更重要的是及时有效地处理老人的各项养老服务需求，这就需要充分利用其他功能数据库进行需求的分类和处理，比如日常生活照料服务需求、健康管理服务需求、社区活动和精神慰藉服务需求以及紧急救援服务需求等。每个相对应的数据库分别处理每个类别的需求，进而自动联系合适的养老服务供应商或者社工为老人提供服务，及时有效地满足老人的各项养老服务需求。

第二，社区居家养老智能平台服务链条向后延伸，将养老服务的监管评估以及项目合作机构的加盟或者招标采购纳入其中。一方面，为了保证智能社区居家养老服务模式的健康发展，必须在该平台上设置相关的监督和评价模块、风险防控模块、紧急呼叫模块等。这些模块系统具有保障智能平台长期稳定运行的作用，尤其是监督评估系统的存在有利于监督和评估社区养老服务提供者的服务质量，促进社区居家养老服务质量的不断提高，也为社区工作者的绩效考核提供了参考。另一方面，为了充分发挥市场机制在社区居家养老智能平台服务链条上的作用，社区养老服务管理中心需要采取招标采购和审核加盟的方式，将社区周边的养老服务机构、商场、理发店、洗衣店、超市等商家接入到统一的信息平台上，从而不断丰富社区居家养老服务的内容。同时政府要通过各种措施鼓励相关企业加大创新力度，开发出更多实用性强的智能养老产品，不断提高养老服务的供给质量和供给效率。

参 考 文 献

[1] 包国宪，赵晓军. 新公共治理理论及对中国公共服务绩效评估的影响[J]. 上海行政学院学报，2018，19(2)：29-42.

[2] 博克斯. 公民治理：引领21世纪的美国社区[M]. 孙柏瑛，等译. 北京：中国人民大学出版社，2014.

[3] 伯勒斯，基提斯. 社会资本与社区治理[M]//曹荣湘. 走出囚徒困境：社会资本与制度分析. 上海：上海三联书店，2003.

[4] 卜长莉. 当前中国城市社区矛盾冲突的新特点[J]. 河北学刊，2009(1)：136-139，152.

[5] 曹爱军，杨鹍飞. 论中国民族事务治理现代化：阻滞因素与破解思路[J]. 云南社会科学，2016(2)：90-95.

[6] 陈炳辉，王菁. "社区再造"的原则与战略：新公共管理下的城市社区治理模式[J]. 行政论坛，2010，17(3)：8-13.

[7] 陈洪涛，王名. 社会组织在建设城市社区服务体系中的作用：基于居民参与型社区社会组织的视角[J]. 行政论坛，2009(1)：67-70.

[8] 陈柳钦. 城市社区功能研究[J]. 重庆工商大学学报(社会科学版)，2008(5)：57-64.

[9] 陈伟东，李雪萍. 社区治理主体：利益相关者[J]. 当代世界与社会主义，2004(2)：71-73.

[10] 陈伟东，张大维. 社区事务分类治理：体制环境与流程再造[J]. 社会主

义研究,2009(1):61-66.

[11] 陈振明.公共政策分析导论[M].北京:中国人民大学出版社,2015.

[12] 陈振明,薛澜.中国公共管理理论研究的重点领域和主题[J].中国社会科学,2007(3):140-152.

[13] 登哈特 V,登哈特 B.新公共服务:服务,而不是掌舵[M].丁煌,译.北京:中国人民大学出版社,2004.

[14] 邓正来,亚历山大.国家与市民社会:一种社会理论的研究路径[M].增订版.上海:上海人民出版社,2006.

[15] 迪尔.后现代都市状况[M].李小科,等译.上海:上海教育出版社,2004.

[16] 范明林,匡碧波.略论社区建设中社区自治组织建设和社会工作:兼议社区建设和社区发展之异同[J].江西师范大学学报(哲学社会科学版),2004,37(2):13-18.

[17] 风笑天.现代社会调查方法[M].武汉:华中科技大学出版社,2014.

[18] 高占祥.论社区文化[M].北京:文化艺术出版社,1994.

[19] 格尔兹.文化的解释[M].纳日碧力戈,等译.上海:上海人民出版社,1999.

[20]《关于加强和改进城市社区居民委员会建设工作的意见》编写组.关于加强和改进城市社区居民委员会建设工作的意见[M].北京:中国方正出版社,2010.

[21] 何海兵.我国城市基层社会管理体制的变迁:从单位制、街居制到社区制[J].管理世界,2003(6):52-62.

[22] 何艳玲."嵌入式自治":国家—地方互嵌关系下的地方治理[J].武汉大学学报(哲学社会科学版),2009,62(4):495-501.

[23] 何艳玲,蔡禾.中国城市基层自治组织的"内卷化"及其成因[J].中山大学学报(社会科学版),2005,45(5):104-109.

[24] 亨廷顿. 变化社会中的政治秩序[M]. 王冠华，刘为，等译. 上海：上海世纪出版社，2008.

[25] 吉登斯. 社会学[M]. 李康，译. 北京：北京大学出版社，2009.

[26] 纪茜，尹保华. 浅谈社区公共服务的概念[J]. 社会工作(学术版)，2011(9)：34-36.

[27] 敬乂嘉，刘春荣. 居委会直选与城市基层治理：对 2006 年上海市居委会直接选举的分析[J]. 复旦学报(社会科学版)，2007(1)：132-140.

[28] 蓝志勇，陈国权. 当代西方公共管理前沿理论述评[J]. 公共管理学报，2007，4(3)：1-12.

[29] 郎友兴，葛俊良. 让基层治理有效地运行起来：基于社区的治理[J]. 浙江社会科学，2014(7)：63-69.

[30] 李强，葛天任. 社区的碎片化：Y 市社区建设与城市社会治理的实证研究[J]. 学术界，2013(12)：40-50，306.

[31] 李友梅. 基层社区组织的实际生活方式：对上海康健社区实地调查的初步认识[J]. 社会学研究，2002，17(4)：15-23.

[32] 利希巴赫，朱克曼. 比较政治：理性、文化和结构[M]. 储建国，等译. 北京：中国人民大学出版社，2008.

[33] 刘庆龙，冯杰. 论社区文化及其在社区建设中的作用[J]. 清华大学学报(哲学社会科学版)，2002，17(5)：19-24.

[34] 柳新元. 国家的治理方式、治理成本与治理绩效[J]. 江海学刊，2000(4)：40-44.

[35] 娄成武，孙萍. 社区管理[M]. 北京：高等教育出版社，2003.

[36] 罗肖泉. 践行社会正义：社会工作价值与伦理研究[M]. 北京：社会科学文献出版社，2005.

[37] 麻宝斌. 公共利益与公共悖论[J]. 江苏社会科学，2002(1)：91-96.

[38] 马戎. 中国社会的另一类“二元结构”[J]. 北京大学学报(哲学社会科学

版),2010,47(3):93-103.

[39] 马庆钰.告别西西弗斯:中国政治文化分析与展望[M].北京:中国社会科学出版社,2002.

[40] 麦金尼斯.多中心体制与地方公共经济[M].毛寿龙,译.上海:上海三联书店,2000.

[41] 麦休尼斯.社会学[M].风笑天,等译.11版.北京:中国人民大学出版社,2009.

[42] 诺思.理解经济变迁过程[M].钟正生,等译.北京:中国人民大学出版社,2008.

[43] 诺思.制度、制度变迁与经济绩效[M].杭行,译.上海:上海人民出版社,2008.

[44] 帕特南.独自打保龄:美国社区的衰落与复兴[M].刘波,等译.北京:北京大学出版社,2011.

[45] 钱玉英.城镇化背景下的基层治理:中国的问题与出路[J].苏州大学学报(哲学社会科学版),2008,29(5):1-4.

[46] 任剑涛.国家治理的简约主义[J].开放时代,2010(7):73-86.

[47] 任声策,陆铭,尤建新.公共治理理论述评[J].华东经济管理,2009,23(11):134-137.

[48] 束锦.社会管理创新与协商民主的理论契合及实践探索:南京市鼓楼区议事机制调研[J].社会主义研究,2011(5):67-71.

[49] 孙柏瑛.城市社区居委会"去行政化"何以可能?[J].南京社会科学,2016(7):51-58.

[50] 孙小逸,黄荣贵.居委会治理能力与社区参与:基于上海调查数据的经验研究[J].当代中国政治研究报告(辑刊),2013:68-79.

[51] 索杰.第三空间:去往洛杉矶和其他真实和想象地方的旅程[M].陆扬,等译.上海:上海教育出版社,2005.

[52] 唐亚林,陈先书.社区自治:城市社会基层民主的复归与张扬[J].学术界,2003(6):7-22.

[53] 唐有财,胡兵.社区治理中的公众参与:国家认同与社区认同的双重驱动[J].云南师范大学学报(哲学社会科学版),2016,48(2):63-69.

[54] 滕尼斯.共同体与社会:纯粹社会学的基本概念[M].林荣远,译.北京:北京大学出版社,2010.

[55] 涂尔干.社会分工论[M].渠东,译.北京:生活·读书·新知三联书店,2000.

[56] 汪玉凯.公共管理基础问题研究[J].中国行政管理,2001(11):19-23.

[57] 王汉生,王一鸽.目标管理责任制:农村基层政权的实践逻辑[J].社会学研究,2009,24(2):61-92.

[58] 王绍光.社会建设的方向:"公民社会"还是人民社会[J].开放时代,2014(6):26-48.

[59] 王思斌.社会工作概论[M].北京:高等教育出版社,1999.

[60] 王振海.社区政治论:人们身边悄悄进行的社会变革[M].太原:山西人民出版社,2003.

[61] 魏娜.我国城市社区治理模式:发展演变与制度创新[J].中国人民大学学报,2003,17(1):135-140.

[62] 吴春梅,石绍成.民主与效率:冲突抑或协调:基于湘西乾村村庄治理实践的实证分析[J].中国农村观察,2011(3):13-23.

[63] 吴光芸,杨龙.社会资本视角下的社区治理[J].城市发展研究,2006,13(4):25-29.

[64] 吴群刚,孙志祥.中国式社区治理:基层社会服务管理创新的探索与实践[M].北京:中国社会出版社,2011.

[65] 夏建中.治理理论的特点与社区治理研究[J].黑龙江社会科学,2010(2):125-130.

[66] 肖锐,金炳镐.民族团结是新中国60年民族政策的主线[J].西南民族大学学报(人文社会科学版),2009,30(12):1-5.

[67] 肖特.城市秩序:城市、文化与权力导论[M].郑娟,梁捷,译.上海:上海人民出版社,2011.

[68] 徐永祥.试论我国社区社会工作的职业化与专业化[J].华东理工大学学报(社会科学版),2000,15(4):56-60.

[69] 徐勇.论城市社区建设中的社区居民自治[J].华中师范大学学报(人文社会科学版),2001,40(3):5-13.

[70] 徐中振,徐珂.走向社区治理[J].上海行政学院学报,2004,5(1):66-72.

[71] 严庆.概说民族整合[J].广西民族研究,2006(2):28-34.

[72] 燕继荣.社区治理与社会资本投资:中国社区治理创新的理论解释[J].天津社会科学,2010(3):59-64.

[73] 杨敏.作为国家治理单元的社区:对城市社区建设运动过程中居民社区参与和社区认知的个案研究[J].社会学研究,2007,22(4):137-164.

[74] 杨成虎.居站分离的逻辑与改革向度[J].公共管理与政策评论,2013(3):45-50.

[75] 杨鹍飞.居住空间与民族关系再造:民族互嵌型社区的文献述评与研究展望[J].新疆师范大学学报(哲学社会科学版),2019,40(2):47-58.

[76] 杨宜勇,邢伟.公共服务体系的供给侧改革研究[J].人民论坛·学术前沿,2016(5):70-83.

[77] 伊斯顿.政治结构分析[M].王浦劬,等译.北京:北京大学出版社,2016.

[78] 于良芝.Community Informatics 的"西学东渐":期待与思考[J].中国图书馆学报,2013,39(3):63-67.

[79] 俞可平.治理和善治:一种新的政治分析框架[J].南京社会科学,2001

(9):40-44.

[80] 俞可平.中国治理评估框架[J].经济社会体制比较,2008(6):1-9.

[81] 俞可平.善治与幸福[J].马克思主义与现实,2011(2):1-3.

[82] 俞可平.关于国家治理评估的若干思考[J].华中科技大学学报(社会科学版),2014,28(3):1-2.

[83] 余逊达,徐斯勤.民主、民主化与治理绩效[M].杭州:浙江大学出版社,2011.

[84] 张锋,罗翔.特大城市社会治理评估体系构建研究:以上海为例[J].城市发展研究,2018,25(9):42-47.

[85] 张成福,李丹婷.公共利益与公共治理[J].中国人民大学学报,2012(2):95-103.

[86] 张康之.20世纪行政学发展回顾[J].广东行政学院学报,2002,14(3):20-22.

[87] 张鸣宇,汪智汉.转型时期居委会的三重角色:以武汉市C社区为例[J].社会主义研究,2005(4):94-97.

[88] 张艳国,刘小钧.十八大以来我国社区治理的新常态[J].社会主义研究,2015(5):103-109.

[89] 赵孟营,王思斌.走向善治与重建社会资本:中国城市社区建设目标模式的理论分析[J].江苏社会科学,2001(4):126-130.

[90] 赵世林.论民族文化传承的本质[J].北京大学学报(哲学社会科学版),2002,39(3):10-16.

[91] 郑杭生.当前我国社会矛盾的新特点及其正确处理[J].中国特色社会主义研究,2006(4):32-35.

[92] 郑建君.公共参与:社区治理与社会自治的制度化:基于深圳市南山区"一核多元"社区治理实践的分析[J].学习与探索,2015(3):69-73.

[93] 周怡.社会结构:由"形构"到"解构":结构功能主义、结构主义和后结构

主义理论之走向[J]. 社会学研究,2000(3):55-66.

[94] 周庆智. 在政府与社会之间:基层治理诸问题研究[M]. 北京:中国社会科学出版社,2015.

[95] 朱婕,郑建明. 社群信息学视角下加拿大社区建设分析及对我国的启示[J]. 图书馆学研究,2016(17):80-84.

[96] 朱孟才. 360 度考核与政府绩效管理[J]. 行政论坛,2008,15(6):68-71.

[97] 朱仁显,刘建义. 民主与效率:西方公共行政发展的价值博弈[J]. 行政论坛,2014,21(1):90-95.

[98] 竺乾威. 从新公共管理到整体性治理[J]. 中国行政管理,2008(10):52-58.

[99] 竺乾威. 新公共治理:新的治理模式? [J]. 中国行政管理,2016(7):132-139.

[100] 邹丽琼. 美国城市社区治理及其启示[J]. 北京城市学院学报,2009(1):59-63.

[101] BOWLES S, GINTIS H. Social capital and community governance [J]. The Economic Journal,2002,112(483):419-436.

[102] CHEN C M. Science mapping: a systematic review of the literature [J]. Journal of Data and Information Science,2017,2(2):1-40.

[103] DARROCHA G, MARSTON W G. The social class basis of ethnic residential segregation: the Canadian Case[J]. American Journal of Sociology,1971,77(3):491-510.

[104] DRUCKER P F. The practice of management[M]. New York: Harper Press,1954.

[105] FREEMAN R E. Strategic management: a stakeholder approach[M]. Boston: Pitman Press,1984.

[106] HOOD C. A public management for all seasons[J]. Public Adminis-

tration,1991,69(1):3-19.

[107] LASSWELL H D. Politics: who gets what, when, how[M]. London: Whittlesey House, McGraw—Hill book company inc, 1936.

[108] LE GALES P. Regulations and governance in European cities[J]. International Journal of Urban and Regional Research, 1998, 22(3): 482-506.

[109] MURDOCH J, ABRAM S. Defining the limits of community governance[J]. Journal of Rural Studies, 1998, 14(1): 41-50.

[110] NEWCOMER K E. Using performance management to improve public and nonprofit programs[J]. New Direction for Evaluation, 2010, 1997(75): 5-14.

[111] OSBORNE S P. The new public governance[J]. Public Management Review, 2009, 8(3): 377-387.

[112] STOKER G. Governance as theory: five propositions[J]. International Social Science Journal, 1998, 50(155): 17-28.

[113] SULLIVAN H. Modernization, neighbourhood management and social inclusion[J]. Public Management Review, 2002, 4(4): 505-528.

[114] TIEBOUT C M. A pure theory of local expenditures[J]. Journal of Political Economy, 1956, 64(5): 416-424.

[115] WHITE M J. American neighborhoods and residential differentiation [M]. New York: The Russell Sage Foundation, 1987.